The Indispensable Illustrated Dictionary to Swiss German

The Indispensable Illustrated Dictionary to Swiss German

ISBN 978-3-03869-122-8

Bergli is being supported by the Swiss Federal Office of Culture with a structural grant for the years 2026–2028.

Editor: Richard Harvell

Proofreader: Sonia Curtis

Second edition: February 2026
First edition: August 2022
Deposit copy in Switzerland: August 2022

Printed in the Czech Republic

Bergli

www.bergli.ch

The Indispensable Illustrated Dictionary to Swiss German

Sergio J. Lievano
Nicole Egger

TO JOHANNA

Foreword by Diccon Bewes

Author of several books on Switzerland, including *Swiss Watching* and *Cartographica Helvetica.*

First, the good news: Swiss German is wonderful. To those who love it, it can be many things: melodious and friendly, funny and peculiar, highly local and individual. Because it is largely unwritten, it's thrillingly loose and unruly, and is still thriving, treasured by young and old alike. And if you learn any form of Swiss German, you'll be largely understood across Switzerland—or at least the German-speaking part of it.

But—and there's no way of breaking this gently, so I'll simply say it—Swiss German is a challenge. There are few teachers or textbooks. You have to gain an ear for it. And then, just when you think you've learned the right word, along comes a different version of it. For every *Grüezi*, there's a *Grüessech*; there are so many different dialects, each with their own variations on pronunciation and vocabulary.

Hoi—your Swiss German survival guide has already helped thousands of people learn *Schwiizer-Dütsch*, not least because of the lively cartoons from Sergio's pen. This new illustrated dictionary takes that idea even further, placing important (and strange and weird) vocabulary in lively illustrated scenes. It's perfect for visual learners or anyone who wants to have fun while learning a new language. And let's face it, everyone needs a bit of light relief when tackling Swiss German.

Whether you bought this book in a *Buächladä* or it was a *Gschänk*, I hope it makes you *fröölich*. It's now my go-to book for Swiss-German words.

TABLE OF CONTENTS

INTRO 10

About Swiss German 10

CITY 13

On the street 14
The city 16

SAFETY 19

Fire department 20
Police 22

WORK 25

Workplace 26
Office 28
Jobs 30

NATURE 33

Flora 34
Fauna 36
Insects and more 38
Marine life 40
Animal parts 42

HEALTH 45

Hospital 46
Medical care 48

PEOPLE 51

Personality 52
Body 54
Clothing 56
Emotions 58

HOME 61

Kitchen 62
House 64
DIY 66

WEALTH 69

Money 70
The economy 72

SWISSNESS 75

Swiss life 76

EARTH 79
Weather and time 80
Geography 82

MOBILITY 85
Garage 86
Transportation 88
Motion alternatives 90
Train station 92

COMMUNICATION 95
Media 96
Arts 98

NUTRITION 101
Food 102
Drinks 104

KNOWLEDGE 107
Education 108
Science 110

SPORTS 113
Swiss sports 114

SOCIETY 117
Politics 118
Family 120
Justice 122
Free time 124

DICTIONARY 127
English – Swiss German 128
Swiss German – English 145

AUTHORS 165
Nicole 166
Sergio 167

About Swiss German

Swiss German is most of all an oral language. The entire school system in German-speaking Switzerland is based on High German, which means that the Swiss don't learn any grammar or spelling conventions for Swiss German. But more and more young people are also using Swiss German in writing, particularly for informal communication such as personal emails, texts and social media.

This book aims to simplify your life, and we have therefore tried to keep the spelling as simple as possible and refrain from using High German spelling conventions that have been used for Swiss German. Some sounds may still look unfamiliar to you, but they are essential for making yourself understood.

Consonant phonetics

b as in **b**lues
ch as in Lo**ch** Ness or Ba**ch**, always voiceless at the back of the throat
d as in **d**oor
dt 't' as in le**t**
f as in **f**inger
g as in **g**od
gg short strong g (gk) as in French Ja**cq**ues
h as in **h**ip-**h**op
j as in **y**es
k throat rasping **Kh**
l as in **l**ion
m as in **me**
n as in **n**ight
ng as in Si**ng**
nk ngk as in thi**nk**
o as in **o**lympics
p as in **p**izza (never aspirated)
qu as in **qu**antity
r as in bu**rr**ito (usually rolled like in Spanish)
s as in **s**ad (voiceless)
t as in French **tu** (rather soft, never aspirated)
v 'f' as in **f**inger
w 'v' as in **V**alentine
x 'gs' as in Me**x**ico
z 'ts' as in lo**ts**

Double consonants are preceded by a short vowel.

Vowel phonetics

a as in **A**frica
ä as in b**e**ar
ai as in **eye**
au as in h**ow**
e as in **e**lephant
ei as in **hey**
i as in **ea**sy
o as in **o**racle
ö as in French d**eux**
u as in c**oo**l/m**oo**n
ü as in French t**u**
y as in French t**u** (except for English words)

Double vowels double the length of the sound.

Swiss German, like German, uses different genders for nouns. So, the article (the/a) differs depending on whether a noun is feminine, masculine, neutral or plural. We have therefore added the articles to the nouns for simplicity: d' is the feminine article, s' the neutral and dä the masculine. All plural nouns use the article d'.

HOTEL
ART
10
CAFÉ
CLOTH'S
Books

CITY

SCHTETTISCH
urban
D'KONZERTHALLÄ
concert hall
D'SCHTATT
town
D'HAUPTSCHTATT
capital
S'ZENTRUM
center
D'POSCHT
post office
S'KINO
cinema
S'SCHTADION
stadium
D'WÖSCH
laundry
D'VERSCHMUZZIG
pollution
33
S'INDUSCHTRII-GEBIÄT
industrial zone
D'ZAICHÄ
signs
D'GALLERII
gallery
D'MOSCHEE
mosque
S'HOTEL
hotel
D'UNDERKUNFT
accommodation
D'NACHBARSCHAFT
neighborhood
DÄ ZIRKUS
circus
D'AMPLÄ / S'LIÄCHTSIGNAL
traffic light
ART
DIHAI BLIIBE
staying at home
USGA
going out
D'LOKALBEVÖLKERIG
locals
10
D'TRAMHALTESCHTELL
tram stop
ÖFFENTLICH
public
DÄ SCHOFFÖR
driver
D'KULTUR
culture
D'SCHTOSSZIITÄ
rush hour
SCHTRESSIG
stressful
D'AGGLO
agglomeration
DÄ TRANSPORT
transportation
S'TRAM VERWÜTSCHÄ
catching the tram
DÄ FUÄSSGÄ
pedestrian
DÄ MEZZGER
butcher
DÄ BEKK
bakery
S'TIERHAIM
animal shelter
DÄ WELOWÄG
bicycle lane
DÄ BEKK
baker
D'FUÄSSGÄNGERIN
pedestrian
DÄ PUUL
swimming pool

14

DÄ ZOO
zoo
LÄRMIG
noisy
DÄ FLUGHAFÄ
airport
D'MÜLLDEPONII
dump
D'MÜLLABFUUR
trash pickup
D'KATEDRALE
cathedral
S'BESCHTATTIGS-
INSCHTITUT
funeral home
S'TOURISCHTE-ZENTRUM
tourist center
DÄ TURISCHT
tourist
DÄ KLUB
nightclub
DÄ USSLÄNDER
foreigner
DÄ SCHPILLADÄ
toyshop
D'TOURISCHTE-
ATTRAKZION
tourist attraction
S'BÜROGEBOIDE
office building
D'BOTSCHAFT
embassy
S'HOCHHUUS
skyscraper
S'WOOHNGEBÄUDE
residential building
DÄ VERGNÜEGIGSPARK
amusement park
BÜÄCHER
books
D'LÄBESMITEL
groceries
DÄ FLOOMI
flea market
DÄ MARKT
market
D'BUS-
SCHTAZION
bus
station
SCHTAA
stand
BEVORZUGTI
PERSON
person given
priority
D'VORRANGZONE
priority zone
DÄ UMWÄG/
D'UMFAARIG
detour
IN UUSGANG GA
to party
DÄ GUAFFÖR
hairdresser
D'WARTIG
maintenance
DÄ BAUMARKT
hardware store
S'ÄRZTEZENTRUM
medical center
ID SCHUÄL GA
going to school
D'FLORISCHTIN
florist
D'KANALISAZION
sewerage
D'PAPETERII
stationary store

D'SCHTATT
city
DÄ BAANÜBERGANG
crossing
DÄ BAANHOF
train station
DÄ TURM
tower
D'BIBLIOTEK
library
D'CHILÄ
church
S'SCHPITAL
hospital
S'STATTZENTRUM
city center
S'BÄNKLI
bench
DÄ NOTFALL
emergency
MM
D'UUR
clock
DÄ BUÄCHLADÄ
bookshop
DÄ CHRAISÄL
rotary
DÄ CHUND
shopper
LÄDÄLÄ
window shopping
D'AMBULANZ
ambulance
D'HAUPTSCHTRASS
main street
S'IICHAUFFSZÄNTRUM
supermarket
PARKIÄRT
parked
S'GFÄNGNIS
prison
DÄ BRUNNÄ
fountain
DÄ PARKPLAZZ
parking lot
D'WAND
wall
D'POLIZEI-SCHTATION
police station
D'SCHTRASS
street
DÄ HÄFTLING
prisoner
DÄ ASFALT
asphalt
kiosk
DÄ KIOSK
DÄ USGANG
exit
POLIZEI
20
D'GSCHWINDIGKAITSBEGRÄNZIG
speed limit
D'GARASCH
garage
DÄ ABFALL-CHÜBÄL
garbage can

D'IIWOONER
citizens
S'GEBOIDE
building
D'SCHTRASSÄLATÄRNÄ
street lamp
DÄ PARK
park
city hall
S'SCHTATHUUS
D'SCHUEL
school
D'FASSADÄ
facade
D'BANK
bank
S'KUNSCHT-
MUSEUM
art
museum
DÄ EGGÄ
corner
S'IIWOONERAMT
registration
office
D'APOTEK
pharmacy
DÄ LADÄ
shop
DÄ CHLAIDÄRLADÄ
clothes shop
S'KOSMETIKSCHTUDIO
beauty salon
D'BAR
bar
S'KAFI
coffee
S'RESCHTI
restaurant
SCHTRASSÄ-
BAUARBEITÄ
roadworks
S'TROTTUAR
sidewalk
FAARÄ
drive
ÜBERHOLÄ
overtake
DÄ VERCHEER
traffic
D'TÄCHER
roof
D'BAUSCHTELL
construction site
PETROL 1.60
PETROL 1.60
DIESEL 1.80
DÄ
ZEBRASCHTRAIFÄ
crosswalk
S'TRAM-GLAIS
tram tracks
TANKÄ
fill up the tank
DÄ
NOTUSGANG
emergency
exit
S'THEATER
theater
DÄ IIGANG
entrance
D'TANGKSCHTELL
gas station

FLORASTRASSE
GAS
DANGER
DANGER

SAFETY

19

DÄ FÜRALARM
fire alarm
DÄ LUUTSCHPRÄCHER
speaker
DÄ ALARM
alarm
TÖNÄ
sound
DÄ RAUCHMÄLDÄR
smoke detector
SELBSCHTMÖRDERISCH
suicidal
DÄ FUNKÄ
spark
D'LAAG
situation
S'ÜBERLÄBÄ
survival
RETTÄ
save
ÜBERLÄBÄ
survive
EXPLOSIV
explosive
HÄLFÄ
help
SICHER
safe
BRÄNNÄ
burn
DÄ FÜÜRWEERMA
fireman
VERTRAUÄ
trust
SICH VERBRÄNNÄ
get burned
D'FLAMMÄ
flame
S'FÜÜR
fire
FLÜCHTÄ
escape
SUÄCHÄ
search
HANGÄ
hanging
S'ZÜNDHÖLZLI
match
AZÜNDÄ
set fire
DÄ ORT
location
Bahnhofstrasse
D'GUMMISCHTIFEL
rubber boots
D'LAITÄRÄ
ladder
33 Bahnhof
11 Zoo
D'GAFFÄR
spectator
S'SICHERHAITSNEZZ
safety net
Billet
SICHÄRÄ
secure
DÄ ZÜGÄ
witness
D'FÜÜRWEERFRAU
firewoman
GAS
ENTZÜNDBAR
flammable
D'SUURSCHTOFF-FLÄSCHÄ
air tank
DÄ SCHLUUCH
hose
S'ABSCHPEERBAND
safety tape
DÄ HÜDRANT
hydrant
S'VERCHEERS-SCHILLD
road sign
D'GFAAR
danger
S'WASSER
water
D'AXT
axe
DÄ FÜÜRLÖSCHER
extinguisher
DÄ SCHUUM
foam
LÖSCHÄ
extinguish
DÄ VORFALL
incident

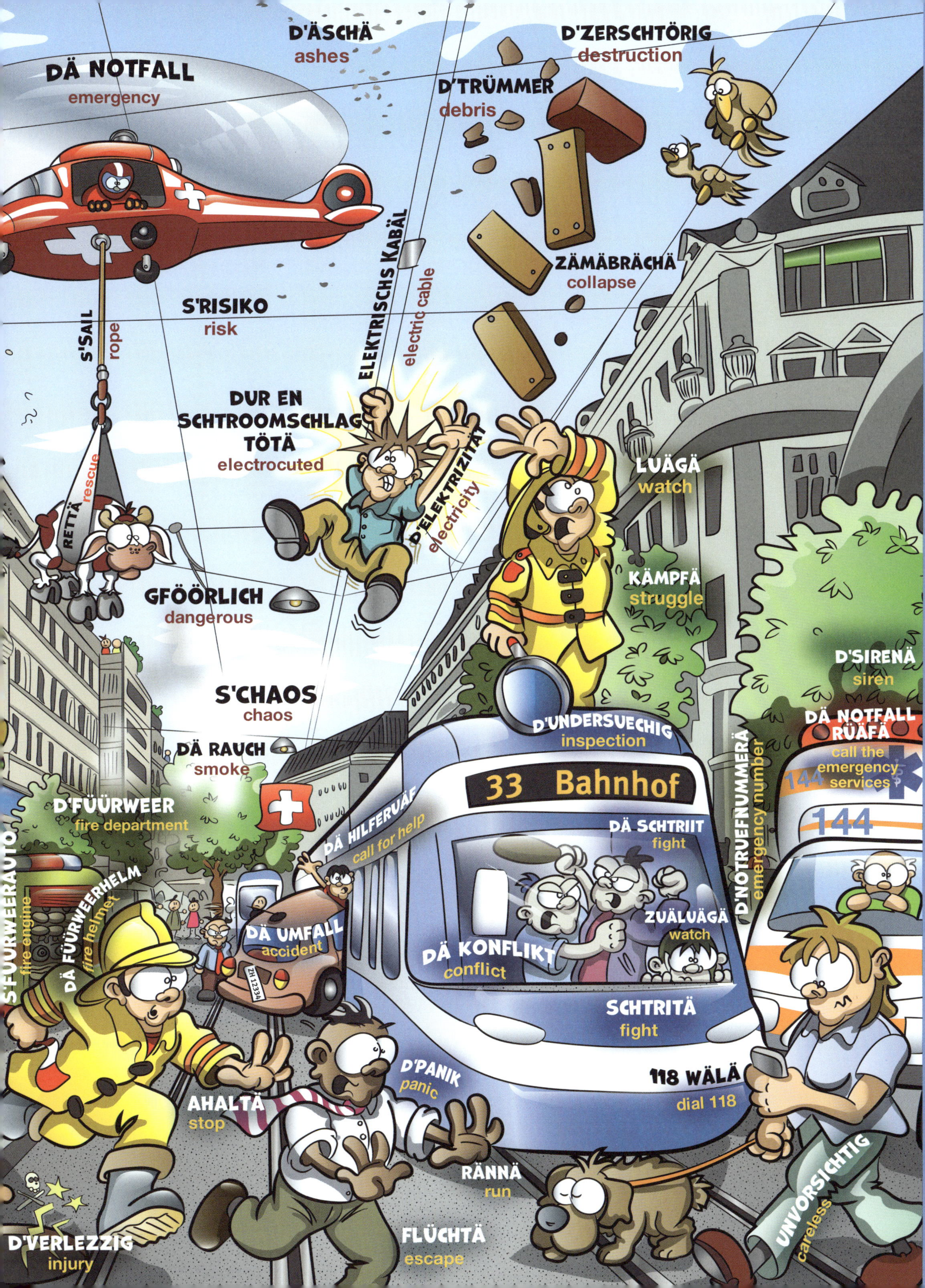
DÄ NOTFALL
emergency
D'ÄSCHÄ
ashes
D'ZERSCHTÖRIG
destruction
D'TRÜMMER
debris
ZÄMÄBRÄCHÄ
collapse
ELEKTRISCHS KABÄL
electric cable
S'RISIKO
risk
S'SAIL
rope
DUR EN SCHTROOMSCHLAG TÖTÄ
electrocuted
D'ELEKTRIZITÄT
electricity
RETTÄ
rescue
LUÄGÄ
watch
GFÖÖRLICH
dangerous
KÄMPFÄ
struggle
S'CHAOS
chaos
D'SIRENÄ
siren
D'UNDERSUECHIG
inspection
DÄ NOTFALL RÜÄFÄ
call the emergency services
DÄ RAUCH
smoke
33 Bahnhof
144
D'NOTRUEFNUMMERÄ
emergency number
D'FÜÜRWEER
fire department
DÄ HILFERUÄF
call for help
DÄ SCHTRIIT
fight
S'FÜÜRWEERAUTO
fire engine
DÄ FÜÜRWEERHELM
fire helmet
DÄ UMFALL
accident
ZUÄLUÄGÄ
watch
DÄ KONFLIKT
conflict
SCHTRITÄ
fight
118 WÄLÄ
dial 118
D'PANIK
panic
AHALTÄ
stop
RÄNNÄ
run
UNVORSICHTIG
careless
FLÜCHTÄ
escape
D'VERLEZZIG
injury

D'SICHERHAIT
security
D'ÜBERWACHIG
surveillance
US ÄM GFÄNGNIS USBRÄCHÄ
break out of prison
WACHSAM
vigilant
D'ZELLÄ
cell
D'CHISCHTÄ
jail
IN HAFT
in custody
D'SCHÜSSEREI
shooting
D'POLIZISCHTIN
police woman
POLIZEI
3
GSEZZLOS
lawless
D'PISCHTOLÄ
gun
D'BANDI
gang
D'VERCHERSPOLIZEI
traffic police
D'POLIZEISCHTATION
police station
DÄ ZÜGÄ
witness
KONTROLLIERÄ
control
S'SCHILD
shield
D'BERAITSCHAFTPOLIZEI
riot police
POLIZEI UF EM WELO
bicycle police
D'TASCHÄLAMPÄ
flashlight
VERSCHTEKKÄ
hiding
UNSCHULDIG
innocent
BEWAFFNET
armed
D'SCHMIÄR TSCHUGGÄR
police
DÄ DEDEKTIF
detective
D'POLIZEI KONTROLLÄ
police control
DÄ TATORT
crime scene
D'LÄICHE
corpse
death
PATRULLIÄRÄ
on patrol

UF FRAIEM FUÄSS
on the loose
DÄ BANKÜBERFALL
bank robbery
FLÜCHTÄ
escape
D'VERFOLGIG
persecution
AASCHWÄRZÄ
denounce
SCHTÄLA
steal
BERITTNI POLIZAI
mounted police
D'KAMERA
camera
Polizei
D'LUFTÜBERWACHIG
aerial surveillance
DÄ POLIZEIWAGÄ
police van
DÄ DIÄB
burglar
IIBRÄCHÄ
break into
DÄ RADAR
speed camera
VERDÄCHTIG
suspect
DÄ ROIBÄR
robber
2
DIÄ VERDÄCHTIGI
suspect
DÄ SCHTRIIT
conflict
LÄMPÄ
trouble
KÄMPFÄ
fight
D'GWALT
violence
DÄ TASCHÄDIÄB
pickpocket
D'HANDSCHÄLLÄ
handcuffs
FESCHTGNOO WERDÄ
get arrested
D'DEMONSCHTRANTIN
protester
DÄ POLIZISCHT
policeman
DÄ UMFALL
accident
RÄNNÄ
run
D'UNIFORM
uniform
S'FUNKGRÄT
walkie-talkie
GSUÄCHT
wanted
D'PUÄSS
fine
D'UNDERSUECHIG
investigation
WANTED
54
DÄ BEWIIS
evidence
DÄ FINGERABDRUKK
fingerprint
S'CHÄRBH OLZ
list of sins

EXIT

WORK

D'BELÜFTIG
ventilation
DÄ ARBETSPLAZZ
workplace
TELEFONIÄRÄ
talk on the phone
D'LUFTFRACHT
air freight
D'EMPFANGSDAMÄ
receptionist
S'BESCHPRÄCHIGS-
ZIMMÄR
meeting room
1 2 3 4 5 6 7 8 9 10
D'LOGISTIK
logistics
DÄ PSUÄCHÄR
visitor
EXIT
D'PRÄSENTAZION
presentation
D'PSUÄCHERIN
visitor
DÄ BÄDSCH
badge
D'FERIÄ
vacations
DÄ EMPFANG
reception
UFHÄNKÄ
hang up
D'DEKO
decoration
D'TÜRÄ
door
DÄ DRUKKÄR
printer
D'BIIIG
pile
D'PAUSÄ
break
DRUKKÄ
print
REDÄ
talk
DÄ BILDSCHIRM
screen
D'TAILNÄMERIN
attendee
DÄ TAILNÄMER
attendee
ENTSCHAIDÄ
decide
DÄ CHLAIDÄRSCHTÄNDER
coat stand
D'KAFIPAUSÄ
coffee break
TIPPÄ
type
SICH TRÄFFÄ
meet
DÄ KAFIEGGÄ
coffee corner
DÄ AKTÄSCHRANK
filing cabinet
DÄ ARBETSRUUM
working area
D'FRACHT
cargo
DÄ HANDEL
trade
D'CHOSCHTÄ
costs
MOTIWIÄRÄ
motivate
D'SCHIFFSLADIG
shipment
DÄ SCHLÜSSÄL
key
D'BUÄCHHALTIG
accounting
SCHRIIBÄ
write
D'FORSCHIG UND
ENTWIKKLIG
research and
development
DÄ WISSI MANTÄL
white coat
NOTIZÄ MACHÄ
take notes
DÄ AAZUG
suit

S'BÜRO
office
DÄ FIRABIG
end of the workday
DÄ HAUPTSIZZ
headquaters
DÄ SCHEFF
boss
D'SCHEFFIN
boss
DÄ DIRÄKTÄR
director
D'ARBETSZIIT
working time
D'VIDEOKONFÄRÄNZ
video conference
PENSIONIÄRT WERDÄ
retire
DÄ PUZZMAA
cleaner
D'TUALÄTTÄ
toilet
VO DIHEI SCHAFFE
work from home
D'ARBETS-ZIIT ERFASSÄ
to record working time
D'TELEFON-KONFÄRÄNZ
conference call
D'PENSIONIÄRIG
retirement
SCHTRIITÄ
argue
DÄ PRICHT
report
CHNUUSCHTI
unprofessional worker
D'DIÄNSCHTLAISCHTIG
service
S' SCHWARZI BRÄTT
bulletin board
DIÄ AGSCHTELLTI
employee
DÄ AGSCHTELLTI
employee
D'ASSISCHTÄNTIN
assistant
ÜBERWACHÄ
supervise
D'ARBETSKOLLEGIN
colleague
DÄ ARBETSKOLLG
colleague
SCHAFFÄ
working
DISKUTIÄRÄ
discuss
FLISSIG
diligent
DÄ SCHTUÄL
chair
D'GRAWATTÄ
tie
DÄ LOON
salary
S'BARGÄLD
cash
ZALÄ
pay
ARCHIWIÄRÄ
archive
D'SCHACHTLÄ
box
D'FINANZÄ
finances
S'BÖRNAUT
burnout
D'ÜBERSCHTUNDÄ
overtime
KÜNDIGÄ
quit
S'KNABÄRZÜG
snacks
D'PAUSÄ MACHÄ
take a break
S'ZVIERI
coffee break at 4pm
UFNÄÄ
record
D'SCHPESÄ
expenses
D'KANTINÄ
cafeteria

TRATSCHÄ
gossip
D'KOLLEGÄ
D'KOLLEGINNÄ
co-workers
DÄ ORDNER
folder
D'AKTÄ
documents
DÄ MAGNET-SCHTIFT
magnet pin
DÄ SCHAFT
cabinet
GRAFIKÄ
graphics
DÄ KALENDÄR
calendar
MARCH
DÄ CHOPFHÖR
headphones
D'ERINNERIG
reminder
GSCHTRESST
stressed
UUFMACHÄ
open
DÄ PLAN
schedule
AD WAND BEFESCHTIGÄ
pin
DÄ PROJEKTPLAN
project plan
D'KAFIMASCHINÄ
coffee machine
ZUÄMACHÄ
close
SKÄNNÄ
scan
D'PFLANZÄ
plant
CHRAMPFÄ/CHRUPPLÄ
work hard
S'MIKRO
microphone
D'TASSÄ / S'CHACHELI
mug
S'ANTI-SCHTRESS-SCHPILLZÜG
stress ball
S'I-MÄIL
email
D'PAPIRABLAG
paper tray
DÄ RÄCHNÄR
calculator
D'ARBET
D'BUÄZ
work
D'MUUS
mouse
D'AALAITIG
instruction manual
D'FIIR
celebration
DÄ FÜLLI
fountain pen
D'FIRMÄPARTI
S'FIRMÄFÄSCHT
company party
TO DO
REPORT
MEETING
LUNCH
GO
D'BÜRO-CHLAMMERÄ
paper clip
DÄ BOS-TITCH
stapler
DÄ PAPIERCHORB
garbage can
S'KODWORT
pin
DÄ PINKOD
D'TUDU-LISCHTÄ
to-do list
D'VERBINDIG
connection
S'ZNÜÜNI
coffee break at 9am
S'LADEGRÄT
charger
DÄ SCHREDDER
shredder
SCHREDERÄ
shred
S'PULT
desk
ISCHTEKKÄ
plug in
AASCHRIBÄ
label
DOKUMENT ZERSCHTÖRÄ
destroy (documents)
D'HÄNDI ABSCHTELÄ
switch off
S'HÄNDI/NATEL
cell phone
D'KABEL
cables

D'TAFLÄ
whiteboard
S'KONFERÄNZ-ZIMMER
conference room
S'SIZZIGSZIMMER
meeting room
S'GSCHÄFT
business
D'BÜROASICHT
office view
D'BESCHPRÄCHIG
meeting
D'SIZZIG
D'NOTIZÄ
notes
D'LIIFÄRIG
delivery
S'BÜROMATERIAL
office supplies
DÄ KURIR
courier
KÜNDIGÄ
fire
DÄ WASSERSPÄNDÄR
watercooler
DÄ BARKOD
barcode
LUPFÄ
lift
VO DIHAI SCHAFFÄ
home office
BEOBACHTÄ
monitor
ÖPPEREM KÜNDIGÄ
fire someone
D'LAMPÄ
lamp
D'SCHÄR
scissors
DÄ SCHPIZZÄR
pencil sharpener
DÄ LÄPTOP
laptop
D'TASCHTATUR
keyboard
S'TELEFON
telephone
S'SCHRIIBZÜG
stationary
DÄ SCHTIFT
pen
D'ABTAILIG
division
DÄ LOCHER
hole punch
DÄ LIIM
glue
DÄ BLEISCHTIFT
pencil
DÄ LÜCHTSCHTIFT
highlighter
DÄ GUMMI
eraser
ZAICHNÄ
draw
DÄ ARBETSPLAZZ /DÄ SCHTOLLÄ
workstation
S'CHLÄBBAND
tape
DÄ LIÄCHTSCHALTER
switch
DÄ NOTIZBLOKK
notepad
DÄ LINEAL
ruler
D'AITI-ABTAILIG
it department
D'AITII
IT
D'PERSONALABTAILIG
hr department
D'POSCHT
post
NON REDEEMABLE
2025
D'AKTÄ
file
ÄS DOKUMENT ABLEGÄ
file (a doc)
D'DOKUMÄNT
documents
S'GUVER
envelope
S'VERLÄNGERIGSKABEL
extension cable

DÄ FUÄSSBALLER
soccer player
DÄ MUSIKER
musician
DÄ CHOCH
chef
DÄ FAARER
driver
D'KÜNSCHTLERIN
artist
DÄ MEZZGER
butcher
DÄ PUUR
farmer
D'PFLÄGEFACHFRAU
D'SCHWÖSCHTER
nurse
DÄ PILOT
pilot
DÄ WÜSSÄSCHAFTLER
scientist
DÄ BUÄCHHALTER
accountant
D'GÄRTNERIN
gardener
DÄ GUAFFÖR
barber
D'FLORISCHTIN
florist
D'TECHNIKERIN
technician
DÄ POLIZISCHT
policeman
ENTWERFÄ
design
D'ARCHITEKTIN
architect
D'ÄRZTIN
doctor
DÄ ANSCHINIÖR
engineer
D'LEERERIN
teacher
DÄ VERCHOIFFÄR
salesman
DÄ POLITIKER
politician
D'ZAUBÄRIN
magician
DÄ MECHANIKER
mechanic
DÄ URMACHER
watchmaker
D'BARFRAU
bartender
D'LIFERANTIN
delivery person
PIZZA
PIZZA

DÄ SCHURNALISCHT
journalist
SRF
DÄ SCHAUSCHPILLÄR
actor
D'GLOONIN
clown
DÄ SANITÄR
plumber
DÄ ELEKTRIKER
electrician
DÄ BAUARBEITER
construction worker
D'ZAANÄRZTIN
dentist
DÄ MUURER
bricklayer
DÄ PFARRER
priest
DÄ TIÄRARZT
veterinarian
DÄ BANKAGSCHTELLTI
banker
D'BEKKERIN
baker
D'AAWÄLTIN
lawyer
DÄ BUÄZER
worker
D'FOTOGRAFIN
photographer
DÄ SCHNIIDER
tailor
D'UNDERNÄMMERIN
entrepreneur
DÄ KOMIKER
comedian
ERFINDER
inventor
DÄ SOLDAT
soldier
DÄ SCHPION
spy
DÄGHAIMAGENT
secret agent
DÄ SCHRIINER
carpenter
BAUÄ
build
D'SEKRETÄRIN
secretary
VERTAIDIGÄ
defend
D'ABWÄRTIN
janitor
PUZZÄ
clean
D'MALERIN
painter

NATURE

NATURE

34

FLORA

DÄ DSCHUNGÄL
jungle
DÄ RÄGÄWALD
rain forest
DÄ KAKTUS
cactus
ABHOLZIG
deforestation
D'PALMÄ
palm
DÄ BANANÄBAUM
banana tree
DÜRRI
aridity
D'LANDWIRTSCHAFT
agriculture
KAFI
coffee
D'PLANTASCHÄ
plantation
HOLZIG
wooden
S'MOOS
moss
DÄ BODÄ
soil
BLÜMÄTOPF
flower pot
D'SUNNÄBLUÄMÄ
sunflower
D'ROSÄ
roses
DÄ BAMBUS
bamboo
S'HOLZ
wood
DÄ MAIS
corn
DÄ GARTÄBAU
horticulture
S'RÄGÄWASSER
rain water
S'GETRAIDÄ
grain
DÄ BUSCH
shrub
DÄ WASSERBEHÄLTER
water container
D'PÜÜRIN
farmer
DÄ SAMÄ
seed
DÄ GARTÄ
garden
DÄ KAIMLING
seedling
D'HEKKÄ
hedge
D'HÜLSÄFRUCHT
legume
DÄ PUUR
farmer
DÄ SCHLUUCH
water hose
S'GMÜÄS
vegetable
D'BLUÄMÄ
flower
HAILPFLANZÄ
medicinal plant
S'BLATT
leaf
S'SCHTAUBBLATT
stamen
D'CHRÜÜTÄR
herbs
TEECHRÜTLI
tea herbs
S'EFOI
ivy
DÄ DORN
thorn
D'BLUÄMÄWISÄ
wildflowers
D'RINDÄ
bark
D'WURZLÄ
root
S'UNCHRUUT
weed
PILZ
mushrooms
KAIMÄ
germinate
sprout
S'GAISSÄBLÜÄMLI
daisy
S'GIFT
poison
S'PILZVERNICHTIGSMITTÄL
fungicides
DÄ CHLEE
clover
DÄ UNCHRUTVERTILGER
herbicide
POLLÄ
pollen
SCHPORÄ
spore
DÄ BUSCH
bush
BESCHTOIBÄ
pollinate
DÄ NEKTAR
nectar
PFLANZÄ
plant
S'BLÜÄTÄBLATT
petal
S'BEERI
berry

35

D'NATUR
nature
S'TIÄR
animal
D'MÖWE
seagull
ZUGVÖGÄL
migratory birds
DÄ SCHTRUSS
ostrich
S'SCHAF
sheep
DÄ VOGÄL
bird
DÄ FALK
hawk
DÄ LOI
lion
D'MUUS
mouse
DÄ FLAISCH-FRÄSSER
carnivore
WILD
wild
FLÜGÄ
fly
DÄ PINGUIN
penguin
JAGE
hunt
D'NARIGS-CHETTÄ
food chain
D'BÜTI
prey
S'NASHORN
rhino
DÄ HIRSCH
deer
S'NATUR-SCHUZZGEBIÄT
natural reserve
DÄ BÄR
bear
WINTERSCHLAF MACHÄ
hibernate
BIOLOGISCHI VIILFALT
biodiversity
S'NILPFERD
hippo
BEDROOTI ART
endangered species
S'KROKODIL
crocodile
DÄ GIRAFF
giraffe
D'ÄNTÄ
duck
S'MÄNNLI
male
DÄ FISCH
fish
S'WIIBLI
female
DÄ CHÄFÄR
beetle
DÄ HUND
dog
DÄ GÜGGEL
rooster
DÄ SUMMERVOGEL
butterfly
D'AMFIBIÄ
amphibian
DÄ IGEL
hedgehog
INSEKTÄ
insect
D'SCHILDCHROT
turtle

FAUNA

DÄ SCHTAIBBOKK
ibex
DÄ FARBIGI VOGÄL
colorful bird
NACHTAKTIVS TIÄR
nocturnal animal
D'TUBÄ
dove
D'WILDSAU
wild boar
DÄ ADLÄR
eagle
DÄ MÄNSCHÄAFF
ape
D'ÜLÄ
owl
DÄ PAPAGAI
parrot
S'AICH-HÖRNDLI
squirrel
DÄ AFF
monkey
DÄ SCHTORCH
stork
DÄ WOLF
wolf
S'SOIGETIÄR
mammal
S'LAMM
lamb
DÄ RAAB
raven
S'MURMELI
marmot
S'KÄNGÄRU
kangaroo
D'CHUÄ
cow
D'BÄRGHÜTTÄ
mountain hut
DÄ TRUUTHAAN
turkey
D'CHAZZ
cat
D'SAU
pig
DÄ HAAS
rabbit
D'GAISS
goat
D'HÄNNÄ
hen
DÄ ELEFANT
elephant
D'BIBELI
chicks
S'ROSS
horse
D'REPTILIÄ
reptile
DÄ SCHNÄGG
snail
DÄ FUX
fox
DÄ ESEL
donkey
D'RINGELNATTERÄ
grass snake

D'SCHLANGÄ
snake
US-SCHWÄRMÄ
DÄ SCHWARM
swarm
D'WABÄ
honeycomb
D'KOLONII
colony
DÄ SUMMERVOGEL
butterfly
DÄ BUUCH
abdomen
D'PLAG
pest
S'SCHUZZMITTEL
repellent
S'WÄSCHPI
wasp
SCHTÄCHÄ
sting
KRANKETE ÜBERTRÄGÄ
transmit infection
D'MUGGÄ
mosquito
S'AIDÄXLI
lizard
CHRÜCHÄ
creep
FÜÄCHT
humid
D'SCHTINKWANZÄ
stink bug
DÄ SALAMANDER
salamander
DÄ FROSCH
frog
DÄ FLOO
flea
D'ZEKKÄ
tick
D'SCHPINNÄ
spider
D'BAI
legs
D'AMAISÄ
ant
DÄ ROSSCHOPF
tadpole
DÄ FÜÜLER
antennae
D'RAUPÄ
caterpillar
DÄ AIMAISÄ-HUUFÄ
anthill
D'VERWANDLIG
metamorphosis
D'LARVÄ
larva
D'KAKERLAKE
cockroach
GOGGON
cocoon
S'BIÄNDLI
bee
DÄ NÜZZLING
beneficial insect
BELÄSCHTIG
plague

S'GLÜÄWÜRMLI
firefly
DÄ DRACHÄ
dragon
D'FLÄDERMUUS
bat
D'GOTTESABÄTTERIN
praying mantis
FLÜGÄ
fly
D'MOTTÄ
moth
D'GSCHPÄNSTERSCHRECKÄ
stickbug
DÄ SUMPF
swamp
INSEKTEFORSCHER
entomologist
DÄ TUUSIGFÜÄSSLER
centipede
CHRABBLÄ
crawl
D'LIBELLÄ
dragonfly
I-FANGÄ
trap
S'MARIÄCHÄFERLI
ladybug
D'CHROTT
toad
D'GRILLÄ
cricket
DÄ WURM
worm
FANGÄ
catch
GUMPÄ
jump
DÄ HOIGÜMPER
grasshopper
UNTERIRDISCH
subterranean
AKUATISCH
aquatic
D'CHELLERASSLÄ
woodlouse
SICH FORTPFLANZÄ
propagate
D'TERMITÄ
termites
DÄ SCHNÄGG
snail
DÄ SKORPION
scorpion

DÄ PELIKAN
pelican
D'PALMÄ
palm
D'KOKOSNUSS
coconut
D'CHRABBÄ
crab
TROPISCH
tropical
BEDROOTI ART
endangered specie
DÄ WAL
whale
MUSCHLÄ
shells
DÄ SCHTRAND
beach
D'MÖWE
seagull
D'KÜSCHTÄ
seashore
S'MEER
sea
D'MEERESVERSCHMUZZIG
ocean pollution
DÄ PLASTIK
plastic
DÄ OZEAN
ocean
D'KIMÄ
gill
DÄ HAI
shark
SCHARFI ZÄÄ
sharp teeth
DÄ HAMMERHAI
hammerhead shark
D'KORALLÄ
coral
D'MEERESSCHILDCHROTT
sea turtle
D'PÄRLÄ
pearl
S'SEEPFÄRDLI
seahorse
DÄ SEESCHTERN
starfish
D'MUSCHLÄ
mollusc
DÄ FISCH
fish
TARNÄ
camouflage
DÄ TINTÄFISC
squid
DÄ KRAKÄ
octopus
DÄ TANG
seaweed
MEERESLÄBÄ
marine life
DÄ FANGARM
tentacles

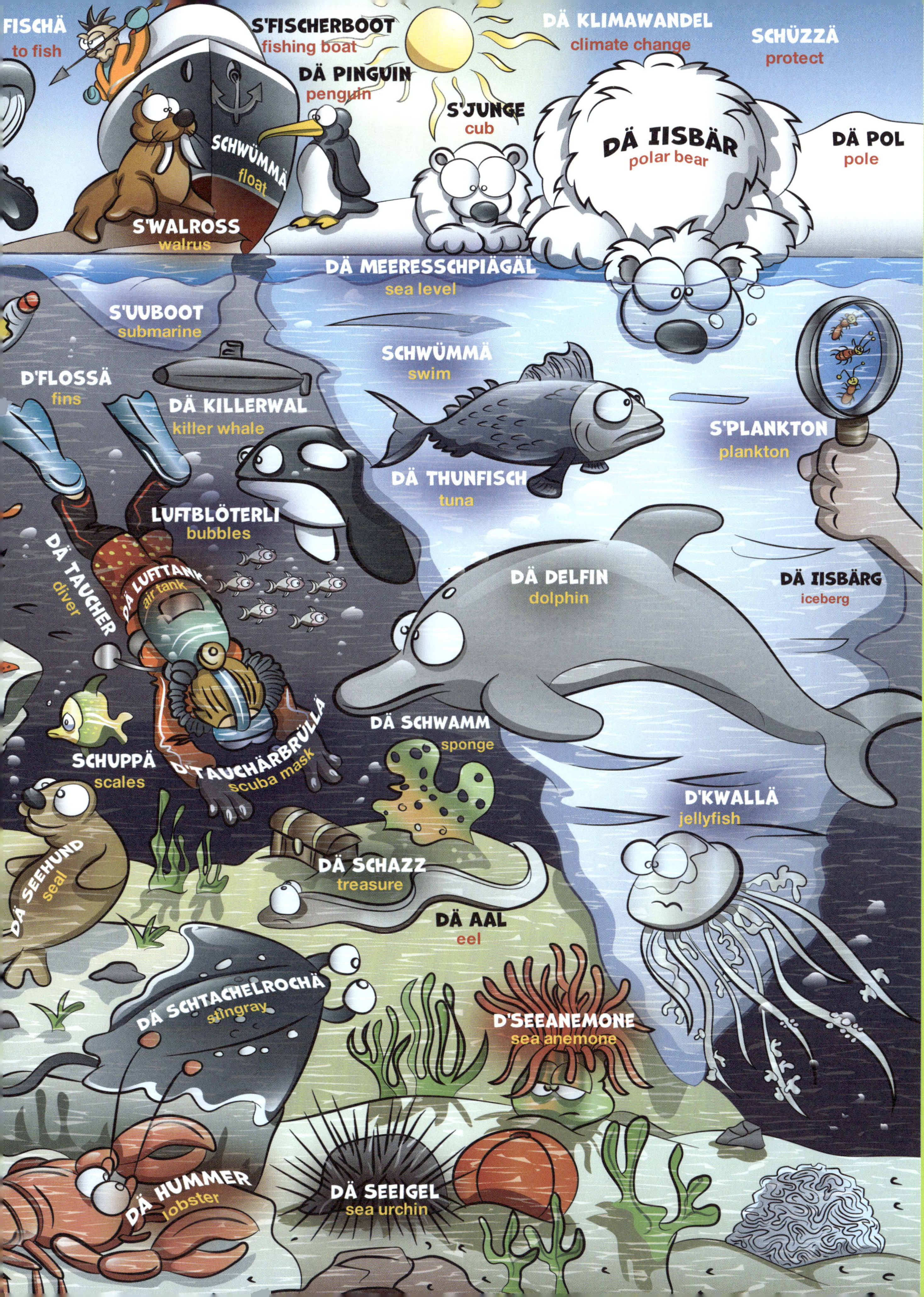
FISCHÄ
to fish
S'FISCHERBOOT
fishing boat
DÄ PINGUIN
penguin
DÄ KLIMAWANDEL
climate change
SCHÜZZÄ
protect
S'JUNGE
cub
DÄ IISBÄR
polar bear
DÄ POL
pole
SCHWÜMMÄ
float
S'WALROSS
walrus
DÄ MEERESSCHPIÄGÄL
sea level
S'UUBOOT
submarine
SCHWÜMMÄ
swim
D'FLOSSÄ
fins
DÄ KILLERWAL
killer whale
S'PLANKTON
plankton
DÄ THUNFISCH
tuna
LUFTBLÖTERLI
bubbles
DÄ TAUCHER
diver
DÄ LUFTTANK
air tank
DÄ DELFIN
dolphin
DÄ IISBÄRG
iceberg
DÄ SCHWAMM
sponge
SCHUPPÄ
scales
D'TAUCHÄRBRÜLLÄ
scuba mask
D'KWALLÄ
jellyfish
DÄ SEEHUND
seal
DÄ SCHAZZ
treasure
DÄ AAL
eel
DÄ SCHTACHELROCHÄ
stingray
D'SEEANEMONE
sea anemone
DÄ HUMMER
lobster
DÄ SEEIGEL
sea urchin

D'SCHTRAIFÄ
stripes
D'MÄÄNÄ
mane
D'FLÜGÄL
wings
S'GWEI
antlers
DÄ HÖKKÄR
hump
FLÜGÄ
fly
DÄ CHOPF
head
S'FELL
fur
D'CHLAUÄ
claws
DÄ NAGÄL
nail
D'PFOTÄ
paws
HINE
back
D'BRUSCHT
chest
DÄ SCHWANZ
tail
DÄ SCHNABÄL
beak
S'HINDERBAI
hind leg
DÄ BUCH
belly
GALOPPIERÄ
gallop
TRABÄ
trot
S'ÜTER
udder
D'ZIZE
teat
S'VORDERBAI
foreleg
D'FÜÄSS
feet
D'HUUF
hoof
D'KRABBÄSCHÄRÄ
crab claws
LUFTLOCH
blowhole
D'FLOSSÄ
flippers

DÄ HALS
neck
D'FÄDERÄ
feathers
VORNÄ
front
SICH PAARÄ
mate
S'OOR
ear
D'FANGÄRM
tentacles
DÄ RÜSSÄL
trunk
D'SCHNURRHAAR
whiskers
D'HÖRNÄR
horns
D'PÜNKTLI
spots
DÄ SCHTOSSZAA
tusk
S'LÄDER
leather
D'SCHNAUZÄ
muzzle
S'BAI
leg
FRÄSSÄ
eat
DÄ FUÄSS
foot
D'SCHAALE
shell
D'SCHNÄGGÄFÜÜLÄR
snail tentacles
CHRÜCHÄ
crawl
D'SCHUPPÄ
scales
S'SCHNÄGGÄHUUS
snail shell
D'RUGGÄFLOSSÄ
dorsal fin
D'ZUNGÄ
tongue
DÄ GIFTZAA
fangs

HEALTH

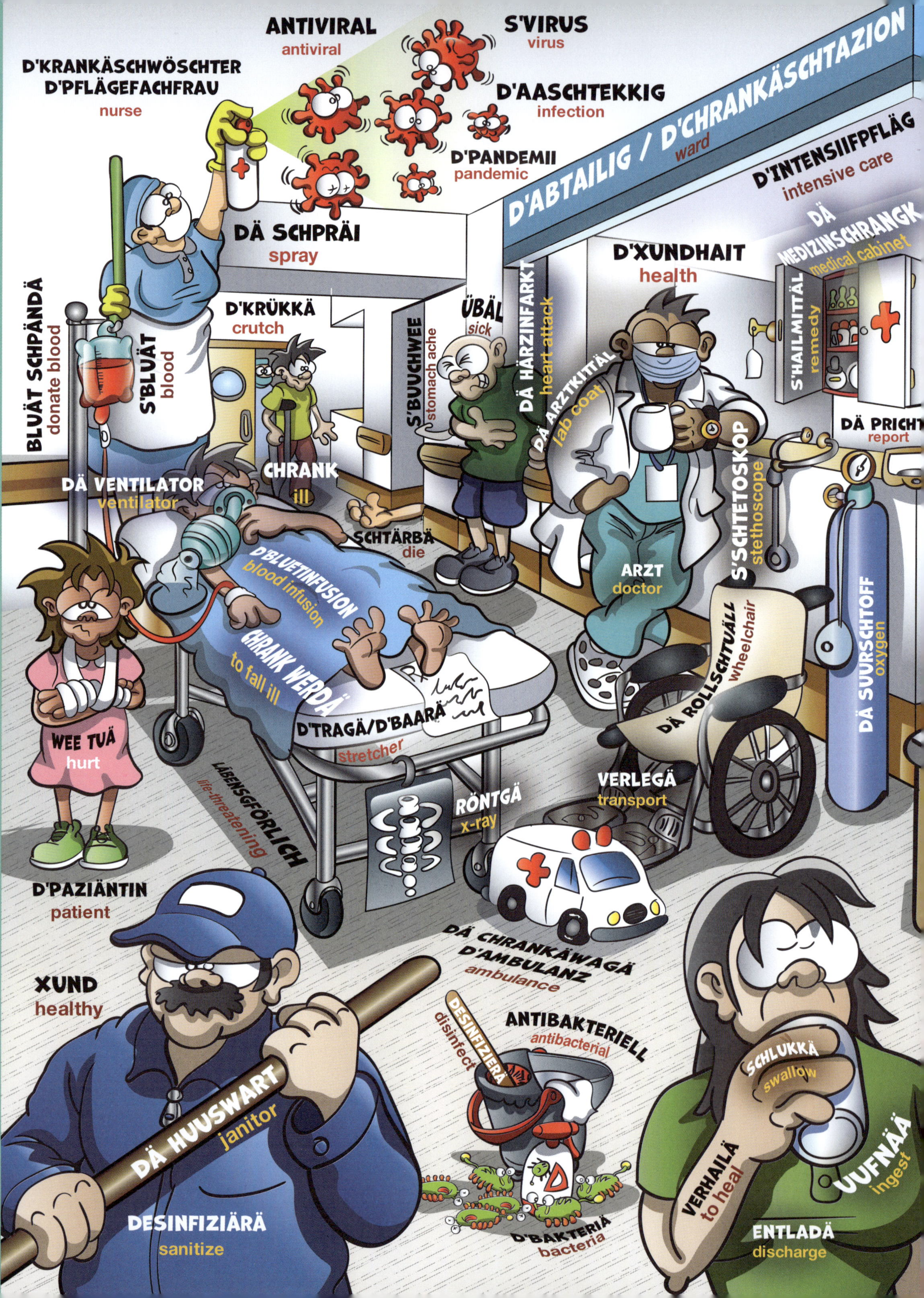
ANTIVIRAL
antiviral
S'VIRUS
virus
D'KRANKÄSCHWÖSCHTER
D'PFLÄGEFACHFRAU
nurse
D'AASCHTEKKIG
infection
D'PANDEMII
pandemic
D'ABTAILIG / D'CHRANKÄSCHTAZION
ward
D'INTENSIIFPFLÄG
intensive care
DÄ MEDIZINSCHRANGK
medical cabinet
DÄ SCHPRÄI
spray
D'XUNDHAIT
health
D'KRÜKKÄ
crutch
ÜBÄL
sick
BLUÄT SCHPÄNDÄ
donate blood
S'BLUÄT
blood
S'BUUCHWEE
stomach ache
DÄ HÄRZINFARKT
heart attack
DÄ ARZTKITTÄL
lab coat
S'HAILMITTÄL
remedy
DÄ PRICHT
report
CHRANK
ill
DÄ VENTILATOR
ventilator
S'SCHTETOSKOP
stethoscope
SCHTÄRBÄ
die
D'BLUETINFUSION
blood infusion
ARZT
doctor
CHRANK WERDÄ
to fall ill
DÄ ROLLSCHTUÄLL
wheelchair
DÄ SUURSCHTOFF
oxygen
D'TRAGÄ/D'BAARÄ
stretcher
WEE TUÄ
hurt
LÄBENSGFÖRLICH
life-threatening
VERLEGÄ
transport
RÖNTGÄ
x-ray
D'PAZIÄNTIN
patient
DÄ CHRANKÄWAGÄ
D'AMBULANZ
ambulance
XUND
healthy
DESINFIZIÄRA
disinfect
ANTIBAKTERIELL
antibacterial
SCHLUKKÄ
swallow
DÄ HUUSWART
janitor
VERHAILÄ
to heal
UUFNÄÄ
ingest
DESINFIZIÄRÄ
sanitize
D'BAKTERIÄ
bacteria
ENTLADÄ
discharge

D'KLINIK
clinic
IISCHRÄNGKIG VO SOZIALÄ KONTÄKT
social distancing
LÄBÄ RETTÄ
save life
S'SCHPITAL
hospital
VERRUKKT
crazy
DÄ CHIRURG
surgeon
INFORMAZION
information
D'ENTZÜNDIG
inflammation
S'ZIMMÄR
room
D'ÄRZTIN
doctor
D'OPERAZION
operation
BETOIBÄ
anesthetize
ANGSCHT HA
be afraid
OPERIÄRÄ
operate
DÄ UMFALL
accident
VERLEZT
injured
D'FOBII
phobia
ÜBERWACHÄ
monitoring
D'SCHPRÜZZÄ
syringe
DÄ CHRAGÄ
collar
DÄ ROLLATOR
walker
D'MASKÄ
mask
KOLLABIÄRÄ / ZÄMÄBRÄCHÄ
collapse
D'RÄCHNIG
bill
INVOICE
SFr. 33.000.-
ASTEKKEND
contagious
D'VITAMIN
vitamins
ASCHWELLIG
swelling
VERBRÄNNT
burnt
DÄ SCHMÄRZ
pain
S'WARTEZIMMÄR
waiting room
THE NEWS
LIIDÄ
suffer
BRÜALÄ
cry
DÄ BLUETDRUKK-MÄSSÄR
blood pressure monitor
D'HÄNTSCHÄ
gloves
WARTÄ
wait
D'PRIORITÄT/ VORRANG
priority
BLUÄT VERLÜRÄ
lose blood
BLÜÄTÄ
bleed
ZUÄGLA
be admitted
IM SCHPITAL SII
be hospitalized
DÄ ALKOHOL
alcohol
XXX
DÄ PAZIÄNT
patient
S'THERMOMETER
DÄ FIÄBÄRMESSÄR
thermometer
BROCHÄ
broken
UND WERDÄ
get better

DÄ SCHPENDER
donor
SCHPENDÄ
donate
D'BSUÄCHSZIITÄ
visiting hours
S'GIFT
Poison
DÄ DEFIBRILLATOR
defibrillator
UNTERSUÄCHÄ
check
D'ERSCHTVERSORGIG
primary care
D'DIAGNOSE
diagnosis
DÄ BERAITSCHAFTSARZT
duty doctor
DÄ UNDERSUÄCH
check-up
D'GSELLSCHAFT
company
D'BLOIÄLÄ
bruise
ÄN PAZIÄNT BEGLAITÄ
accompany a patient
DÄ ARZT
doctor
S'REZÄPT
prescription
D'WUNDÄ
wound
DÄ URIN
urine
DÄ VERBAND
bandage
DÄ BLUÄTTESCHT
blood test
D'LABORPROB
lab sample
S'WASSER
water
DÄ USSCHLAG
rash
S'PFLASCHTER
plaster
S'ERSCHTI-HILF-SET
first aid kit
S'SCHPITALBETT hospital bed
S'BERUHIGIGSMITTEL
tranquilizer
D'BAUMWULLÄ
cotton
D'AUGETROPFÄ
eye drops
D'ÜBERDOSIS
overdose
D'KRANKÄ-AKTÄ
medical file
DÄ VERBAND
gauze
D'SCHLÜSSGUFÄ
safety pin
S'MEDIKAMENT
medication
DÄ WUNDVERBAND
wound dressing
D'CHAPSLÄ
capsule
D'SCHMÄRZTABLETTÄ
painkiller
S'PALADARSCHTÄBLI
tongue depressor
D'GREEM
cream
DÄ SIRUP
syrup
D'MEDIS
drugs
UNDER MEDIKAMENTS-INFLUSS
on medication
D'TABLETTLI
tablet
D'MEDIZIN
medicine
D'DOSIS
dose

INTRAVENÖS
IV
D'SUURSCHTOFF-RÖÖRÄ
oxygen tube
HAILÄ
heal
DÄ SCHOKK
shock
D'HIRNERSCHÜTTERIG
concussion
S'CHOPFWEE
headache
BEHANDLET
treated
SICH ERHOLÄ
recover
S'HÄRZ ÜBERWACHÄ
heart monitoring
DÄ HÄRZINFARKT
heart attack
S'EH-KA-GE
cardiogram
ERATÄ
counsel
DÄ RUEFCHNOPF
call button
S'FIÄBÄR
fever
FIÄBER HA
have a fever
UNTERSUÄCHÄ
examine
WUND
sore
DÄ VERBAND-STRAIFÄ
gauze dressing
S'SCHPITALNACHTHÄMP
hospital gown
SICH ERHOLE
rest
D'SCHTICH
stiches
NÄJÄ
sew
DÄ IISCHNITT
incision
SCHNIDÄ
cut
PFLEGÄ
care
D'DIÄT
diet
D'BETTSCHTÜRIG
bed control
DÄ PULS
pulse
BERAITSCHAFT HA
be on duty
XUNDS ÄSSE
healthy food
DÄ APPETIT
appetite
DÄ PAZIÄNT
patient
D'SCHONCHOSCHT
bland diet
D'BETTRUÄ
bed rest
DÄ NACHTTISCH
bed table
VERSTOPFT SI
constipated
D'BETTPFANNÄ
bed pan
DÄ DURCHFALL
diarrhea
S'ABFÜÄRMITTEL
laxative
D'PILLÄ
pill

PEOPLE

PESSIMISTISCH
pessimistic
DEPRESSIV
depressed
NEUTRAL
neutral
OPTIMISTISCH
optimistic
D'PARTIMUUS
party animal
GSELLIG
social
NOIGIRIGÄ
curious
KÜNSCHTLERISCH
artistic
RIICH
rich
LÄNDLICH
rural
KOMPLIZIÄRT
complicated
DÄ TIÄR-SCHÜZZER
animal rights activist
MATERIALISTISCH
materialist
DÄ TSCHETT SETT
jet set
GEBILDET
educated
AGSCHTELLT
employed
ARM
poor
EIFACH
simple
MILITÄRISCH
military
UNKONWENZIONELL
nonconformist
PASSIV
passive
CHINDISCH
childish
RELIGIÖS
religious
SCHTETTISCH
urban
GRÜÄN
green
(GSELLSCHAFTLICH) USGSCHTOSSÄ
outcast
XUND
healthy
NACHHALTIG
sustainable
DÄ FUNDI
fundamentalist
DÄ KLIMASCHÜZZER
climate activist
AKTIV
active
DÄ MATSCHISMO/ DÄ MÄNNLICHKAITSWAAN
machismo
VEGAN
vegan
DÄ FEMINISMUS
feminism

OBDACHLOS
homeless
AKADEMISCH
academic
KALKULIERT
calculated
ALTERNATIVÄ LÄBESSCHTIL
alternative lifestyle
FRIDLICH
peaceful
DÄ KOMIKÄR
comedian
DÄ FREIHAITLICH
free spirit
DÄ ROKKER
rocker
REALITÄTSFREMD
unrealistic
S'DRAMA
drama
DÄ RAISÄR
traveler
FREIHAITLICH
liberal
OFFÄ
open-minded
JA
POLITISCH
political
DÄ DÄNKER
thinker
VERDÄCHTIG
suspicious
DIGITAL
digital
ENTSPANNT
relaxed
NEIN
REVOLUZIONÄR
revolutionary
KRIMINELL
criminal
TRADIZIONELL
traditional
ALTMODISCH
old-fashioned
KREATIV
creative
KONSERVATIV
conservative

DÄ MÄNSCHLICH KÖRPÄR
human body

Sorry, in the original illustration everybody was naked.

D'OORERING
earrings
D'FLÜGÄ
bow-tie
SICH AAZIÄ
get dressed
D'HANDTÄSCHÄ
purse
NOI
new
D'SCHTÖGGELISCHUÄ
heels
D'UNIFORM
uniform
D'UUR
watch
GLETTÄ
iron
DÄ RUKKSAKK
backpack
D'DSCHIINS
jeans
S'BADCHLAID
swimsuit
S'BIKINI
bikini
D'TÄSCHÄ
bag
DÄ SCHTROOHUÄT
straw hat
S'DÖ PIÄS
costume
ALT
old
D'KRAVATTÄ
tie
DÄ PULLI
sweater
S'CHLAID
dress
D'HOSÄ-TÄSCHÄ
pocket
DÄ GÜRTEL
belt
S'KEIP
cape
D'UNDERWÖSCH
underwear
DÄ RIISVERSCHLUSS
zipper
GRISSÄ
torn
DÄ OVERALL
overalls
ZÄMÄ-LEGE
fold
DÄ HUÄT
hat
D'SUNNÄBRÜLÄ
sunglasses
S'KÄPI / DÄ TSCHÄPPER
baseball cap
S'LIIBLI
t-shirt
DÄ MANTEL
coat
WIIT
loose
D'SOKKÄ
socks
CHURZ
short
DÄ HELM
helmet
KURZI HOSÄ
shorts
LANG
long
D'TURNSCHUÄ
sneakers
DÄ BEHA
bra
SICH ABZIE
undress

CLOTHING

57

PEOPLE

EXIT
ZWIIFELHAFT
doubtful
AINSAM
lonely
UFMERKSAM
attentive
D'FROID
joy
D'BEWUNDERIG
admiration
AGGRESSIF
aggressive
SCHLÄFRIG
sleepy
ELEND
miserable
ENTZÜKKT
charmed
LIIDÄ
suffer
HÜPNOTISIIRT
hypnotized
D'PANIK
panic
FRUSCHTRIERT
frustrated
D'QUAL
agony
SCHMERZHAFT
painful
BEFRIDIGT
satisfied
UNGLÜKKLICH
unhappy
NERVÖS
nervous
VERUKKT
crazy
DÄ TERROR
terror
INTERESSIERT
interested
D'WUÄT
fury
D'ZUÄNAIGIG
affection
FRÖÖLICH
cheerful
GLANGWILT
bored
D'IIFERSUCHT
jealousy
ERSCHÖPFT
exhausted
S'GLÜKK
happiness
HÄSSIG
angry
D'LIÄBI
love
ROMANTISCH
romantic
BESORGT
worried
MÜÄD
sleepy
FIIS
mean
LANGWILIG
boring
GRINSÄ
smirk
GLÜKKLICH
happy
GRAUSAM
cruel
ENTTÜSCHT
disappointed
DÄ HORROR
horror
D'ANGSCHT
fear
TRUURIG
sad
D'TRUUR
sadness
DÄ CHUMMER
sorrow
ÄS BROCHES HÄRZ HA
be heart broken
DEPRIMIERT
depressed
SCHPRACHLOS
speechless
FÜLÄ
feel
S'GFÜÜL
emotion

VERDÄCHTIG
suspicious
EXIT
MITFÜLÄ
empathize
RUHIG
quiet
AMÜSIERT
amused
ZFRIDÄ
pleased
BEUNRUIGT
BETROFFÄ
concerned
HAIMELIG
cozy
WILKOMÄ
welcoming
D'ERLIÄCHTERIG
relief
D'ABLÄNKIG
distraction
BITTER
bitter
BEGEISCHTERET
enthusiastic
NIDISCH
envious
DÄ NIID
envy
DÄ EKEL
disgust
DÄ SCHTOLZ
pride
D'SCHAM
shame
PIINLICH
embarrassing
DÜSCHTER
gloomy
FUUL
lazy
RUHIG
calm
D'OIFORI
euphoria
LÄBLOS
lifeless
CHRANK
sick
D'UFREGIG
excitement
GSCHLAGÄ
defeated
UFREGGT
excited
VERÖDET
desolated
BRUÄLÄ
cry
LACHÄ
laugh
VERZWIIFLÄ
despair
VERLEZZT
hurt
WIZZIG
funny
LÄCHLÄ
smile
UNAGNÄM
uncomfortable
D'ÜBERRASCHIG
surprise
DÄ ABSCHOI
disgust
GNÄRVT
annoyed
FILOSOFISCH
philosophical
GÄRN HA
like
VERÄRGERÄT
cross

HOME

D'CHUCHILAMPÄ
kitchen lamp
D'WAAG
scale
DÄ FÜRALARM
fire alarm
D'CHUCHIUUR
kitchen clock
DÄ FRÜCHTECHORB
fruit basket
DÄ ABZUG
extractor
S'REZÄPT
recipe
S'CHOCHBUÄCH
cookbook
DÄ TÜFCHÜÄLER
freezer
DÄ CHÜÄLSCHRANK
fridge
DÄ ÄSSENSZIITÄ
mealtimes
ZUM CHOCHÄ BINGÄ
boil
DÄ DEKKEL
lid
D'CHELLÄ
ladle
DÄ SCHWINGBÄSÄ
whisk
DÄ HÄRD
stove
D'PFANNÄ
pot
D'BRATPFANNÄ
frying pan
UFWÄRM
warm u
D'HERDPLATTÄ
burner
D'CHUCHI-SCHUBLADÄ
kitchen drawer
DÄ OVÄ
oven
S'TABLET
tray
BACHÄ
bake
GRILLIÄRÄ
grill
DÄ CHUCHITISCH
kitchen table
S'GLAS
glass
SERWIERÄ
serve
FAIN
yummy!
DÄ TELLER
plate
S'MÄSSÄR
knife
D'SERVIETTÄ
napkin
DÄ WASSER-KOCHER
kettle
S'TEE-LÖFFELI
teaspoon
D'GABLÄ
fork
DÄ SCHPAR-SCHÄLER
peeler
S'WALHOLZ
rolling pin
DÄ UNDER-TÄLLER
saucer
D'TASSÄ
cup
VERMISCHÄ
mix
D'SCHALE
bowl
DÄ LÖFFEL
spoon
ABCHUÜÄLÄ
cool down
ÄSSÄ
eat
S'CHUCHISIIB
colander

D'CHUCHI
kitchen
CHUCHICHÄSCHTLI
kitchen cabinet
DÄ GSCHIRRSCHRANK
cupboard
S'GSCHIRR
dishes
DÄ BECHER
mug
DÄ WASSERHAAN
tap
DÄ PIZZASERVISS
pizza delivery
PIZZA
CHOCHÄ
cook
DÄ HOLZLÖFFEL
wooden spoon
RÜÄRÄ
stir
VORBERAITÄ
prepare
D'CHUCHI-SCHOSS
apron
DÄ TOOSCHTER
toaster
DRÄKKIGS GSCHIRR
dirty dishes
SAIFÄABLAG
dish soap
WASH
ABWÄSCHÄ
wash
DÄ MIXER
blender
D'GWÜRZ
spices
DÄ SCHÜTTSCHTAI
sink
D'BÜRSCHTÄ
brush
SCHNIIDÄ
chop
BÄSELI
brush
SCHÜFELI
dustpan
DÄ SCHWAMM
sponge
DÄ CHUCHI-LUMPÄ
washcloth
PUZZÄ
clean
S'SIIBLI
strainer (small)
S'CHUCHIBRÄTT
chopping board
S'CHUCHI-CHÄSCHTLI
cabinet
SUBERS GSCHIRR
clean dishes
CORN
DÄ ABFALL
rubbish
GRUUSIG
icky!
DÄ ABFALLSAKK
garbage bag
DÄ ABFALLCHÜBEL
trash can
D'RESCHTÄ
scraps
DÄ KOMPOSCHT
compost
S'GSCHIRR-WÖSCH-MITTEL
dishwasher detergent
S'BSCHTEKK
cutlery
D'RAFFLÄ
grater
D'BÜX
can
D'FLÖKKLI
cereal
DÄ GSCHIRRSCHPÜÄLER
dishwasher

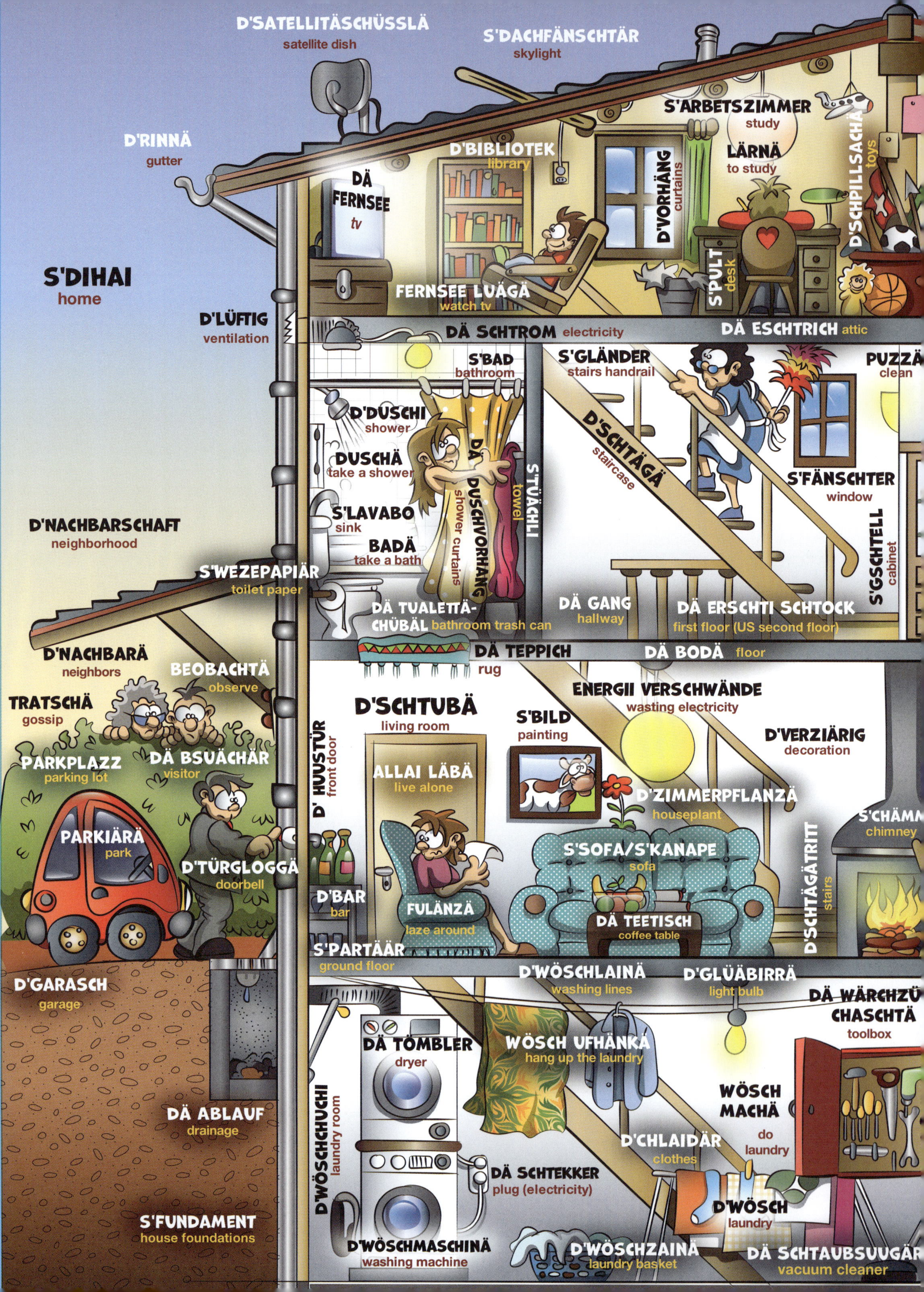
D'SATELLITÄSCHÜSSLÄ
satellite dish
S'DACHFÄNSCHTÄR
skylight
D'RINNÄ
gutter
S'ARBETSZIMMER
study
LÄRNÄ
to study
D'BIBLIOTEK
library
DÄ FERNSEE
tv
D'VORHÄNG
curtains
D'SCHPILLSACHÄ
toys
S'DIHAI
home
FERNSEE LUÄGÄ
watch tv
S'PULT
desk
D'LÜFTIG
ventilation
DÄ SCHTROM electricity
DÄ ESCHTRICH attic
S'BAD
bathroom
S'GLÄNDER
stairs handrail
PUZZÄ
clean
D'DUSCHI
shower
D'SCHTÄGÄ
staircase
DUSCHÄ
take a shower
S'FÄNSCHTER
window
DÄ DUSCHVORHANG
shower curtains
S'TÜÄCHLI
towel
S'LAVABO
sink
D'NACHBARSCHAFT
neighborhood
BADÄ
take a bath
S'GSCHTELL
cabinet
S'WEZEPAPIÄR
toilet paper
DÄ TUALETTÄ-CHÜBÄL bathroom trash can
DÄ GANG
hallway
DÄ ERSCHTI SCHTOCK
first floor (US second floor)
DÄ TEPPICH
rug
DÄ BODÄ floor
D'NACHBARÄ
neighbors
BEOBACHTÄ
observe
ENERGII VERSCHWÄNDE
wasting electricity
TRATSCHÄ
gossip
D'SCHTUBÄ
living room
S'BILD
painting
D'VERZIÄRIG
decoration
D' HUUSTÜR
front door
PARKPLAZZ
parking lot
DÄ BSUÄCHÄR
visitor
ALLAI LÄBÄ
live alone
D'ZIMMERPFLANZÄ
houseplant
S'CHÄMI
chimney
PARKIÄRÄ
park
S'SOFA/S'KANAPE
sofa
D'SCHTÄGÄTRITT
stairs
D'TÜRGLOGGÄ
doorbell
D'BAR
bar
FULÄNZÄ
laze around
DÄ TEETISCH
coffee table
S'PARTÄÄR
ground floor
D'WÖSCHLAINÄ
washing lines
D'GLÜÄBIRRÄ
light bulb
D'GARASCH
garage
DÄ WÄRCHZÜ CHASCHTÄ
toolbox
DÄ TÖMBLER
dryer
WÖSCH UFHÄNKÄ
hang up the laundry
D'WÖSCHCHUCHI
laundry room
WÖSCH MACHÄ
do laundry
DÄ ABLAUF
drainage
D'CHLAIDÄR
clothes
DÄ SCHTEKKER
plug (electricity)
D'WÖSCH
laundry
S'FUNDAMENT
house foundations
D'WÖSCHMASCHINÄ
washing machine
D'WÖSCHZAINÄ
laundry basket
DÄ SCHTAUBSUUGÄR
vacuum cleaner

S'HUUS
house
S'DACH
roof
S'POSCHTÄR
poster
S'CHINDERZIMMÄR
kids' room
S'GMAINSAME SCHLAFZIMMÄR
shared bedroom
S'CHÜSSI
pillow
S'BETT
bed
D'KOMMODÄ
commode
DÄ KOFFÄR
suit case
SCHPILÄ
to play
S'SCHLAFZIMMÄR bedroom
S'ZIMMÄR
room
UFWACHÄ
wake up
STRETSCHÄ
stretch
ZÄMÄ LÄBÄ
live together
room division
SCHPIÄGÄL
mirror
S'WEZE
D'TUALÄTTÄ
toilet
S'REGAL
shelf
SICH AAZIÄ
get dressed
DÄ SCHMINKTISCH
dressing table
DÄ HOKKÄR
stool
D'CHAZZ
cat
SCHLAFÄ
sleep
S'HUUSTIÄR
house pet
D'TERRASSÄ
terrace
D'WONIG
apartment
DÄ BALKON
balcony
LAMPÄ
lamp
D'TÜRÄ
door
D'CHUCHI
kitchen
'CHERZÄ
candle
DÄ TISCH
table
S'TISCHTUÄCH
tablecloth
BACHÄ
bake
DÄ ABFALLCHUBÄL
trash can
Ä SCHTUÄL
chair
D'ABWÄSCHMASCHINÄ
dishwasher
DÄ BACHOFÄ
oven
DÄ SUNNÄSCHTORÄ
awning
DÄ GARTÄ
garden
CHRISCHTBAUM
christmas tree
DÄ KOMPOSCHT
compost
DÄ HAG
fence
DÄ CHÄLLÄR
cellar
D'WASSERLEITIG
water pipe
S'WASSERVENTIL
water valve
DÄ SICHERIGSCHASCHTÄ
power box
D'RÖÖRÄ
tube
DÄ BOILÄR
boiler
S'GÄSCHTEZIMMER
guest room
WÜSCHÄ
sweep
STAUB SUUGÄ
vacuum
D'SICHERIGÄ
electric fuses
DÄ BÄSÄ
broom
D'HAIZIG
heating
DÄ BUNKÄR
bunker

D'WÄRKSCHTATT
workshop
D'MISCHTGABLÄ
pitchfork
DÄ PIKKEL
pickax
DÄ HAIMWÄRKER
handyman
D'METALLSÄGI
hacksaw
D'LAITÄRÄ
ladder
S'WÄRKZÜGGSCHTELL
tool rack
DÄ RÄCHÄ
rake
D'ARBETSLAMPÄ
work light
SÄÄGÄ
saw
D'SAGI
saw
DÄ SCHUZZ
protection
D'OORÄSCHÜZZER
hearing protection
D'ASCHTSCHÄR
tree pruner
DÄ LIÄCHTSCHALTER
light switch
DÄ SCHRUBÄZIÄR
screwdriver
DÄ SCHRUUBÄSCHLÜSSEL
spanner
D'CHRÜZSCHRUBÄZIÄR
phillips screwdriver
D'CHETTÄSAGI
chain saw
D'SCHUZZBRÜLÄ
protective goggles
DÄ SCHTIFT
pencil
DÄ MAISCHTER
foreman
HAMMERÄ
to hammer
D'SCHUFLÄ
shovel
DÄ SCHTÄCHBÜTEL
chisel
DÄ WASSERSCHPREI
spray bottle
DÄ NAGEL
nail
DÄ HAMMER
hammer
DÄ DOPPELMETER
folding ruler
D'HÄNTSCHÄ
gloves
D'LAZZHOSÄ
overalls
D'SCHTÄCHLISCHTÄ
extension board
S'SCHLIIFPAPIR
sandpaper
S'SAKKMÄSSER
pocketknife
ERSCHAFFÄ
create
S'BRÄTT
board
DÄ RASÄMÄJER
lawn mower
SCHLIIFÄ
sand
SCHARF
sharp
ORANGSCH
orange
D'HOBELBANK
workbench
S'TEPPICHMÄSSÄR
utility knife
D'BOORMASCHINÄ
drill
D'STICHSAGI
electric jigsaw
BORÄ
drill
LAUFENDI ARBAITÄ
work in progress
IISCHTEKKÄ
plug in
DÄ ZAPFEZIÄR
corkscrew
DÄ BORER
drill bit
DÄ SAND
sand
PFLANZCHELÄ
garden trowel
S'MÄSSBAND
tape measure
S'SÄGMÄÄL
sawdust
D'GARETTÄ
wheelbarrow
GRÜÄN
green
DÄ PÖMPEL
plunger
D'ZANGÄ
pliers
DÄ GAISSFUÄSS
crowbar
S'LADEGRÄT
charger
D'BATTERI
battery

DÄ LUTSCHPRÄCHER
speakers
S'KABEL
cable
S'CHÄSCHTLI
cabinet
S'TAGESLIÄCHT
daylight
S'CHRAISSAGIBLATT
disk saw
DÄ DÜBEL
wall plug
D'AXT
axe
WÖRFÄ
throw
D'WASSERWAG
spirit level
D'HOLZLATTÄ
wood batten
BETROIE
supervise
ORGANISIÄRÄ
organize
D'SCHNUUR
string
first aid kit
flowerpot
S'MAALERCHLÄBBAND
masking tape
DÄ SCHRUBÄCHASCHTÄ
organizer
DÄ SCHTIFT
apprentice
S'GOMFIGLAS
jar
D'GÜSS-CHANNÄ
watering can
ROSAROT
pink
DÄ SCHRUUBSCHTOKK
vice
DÄ HOLZLIIM
wood glue
D'KITPISCHTOLÄ
caulking gun
D'GSCHTELL
shelves
ELEKTRISCHS VERLÄNGERIGSKABEL
extensions cords
VIOLETT
violet
LILA
purple
GÄL
yellow
BLAU
blue
ROT
red
D'SCHRUBZWINGÄ
clamp
D'KARTON-CHISCHTÄ
cartboard box
D'FARB
color
DÄ FARBROLLER
paint roller
WISS
white
DÄ FARBCHÜBEL
paint bucket
(A)MALÄ
paint
D'ÄNGLÄNDER
adjustable spanner
D'DRAATSCHÄRI
wire cutters
DÄ HOLZHAMMER
mallet
BRUUN
brown
SCHRUBÄ
screw
DÄ WÄRCHZÜG-CHASCHTÄ
toolbox
S'THERMOMETER
thermometer
DÄ SCHRUBBOLZÄ
bolt
D'HOLZSCHRUBÄ
screw
D'MUÄTTÄRÄ
nut
DÄ PINSEL
paintbrush
SCHWARZ
black

68

WEALTH

D'RENOVAZION
renovation
VERDIÄNÄ
earn
S'GSCHÄF
business
GWÜNNÄ
win
DÄ VERTRAG
agreement
D'BANK
bank
D'HÜPOTHEK
mortgage
DÄ BILDSCHIRM
screen
1 231
2 333
3 609
D'ÜBERWACHIGSKAMERA
security camera
D'SICHERHAIT
security
DÄ KONTOSCHTAND
D'RÜKKLAGÄ
reserve
DÄ TRESORRUUM
vault
CASHIER 1
CASHIER 2
CASHIER 3
dä foifärx
DÄ SEIF
safe
DÄ SERVISS
service
WARTÄ
wait
D'AZALIG
D' HINTERLEGIG
deposit
D'FRÄMDWÄÄRIG
foreign currency
IIZALÄ
deposit
DIÄ BANKSCHALTERBEAMTI
cashier
D'ZALIG
payment
UFFÜLLÄ
filling up
DÄ BANKSCHALTERBEAMTI
cashier
D'TUSCHWÄRIG IS
exchange currency
bills
Sfr. 33
S'NÖTLI
banknote
S'BÜDSCHE
budget
TICKET
ÄS BILLET
ticket
2934
D'INFLAZION
inflation
DÄ FOIFÄ
five rappen coin
SCHPARÄ
save
S'GOLDVRENELI
old Swiss gold coin
TRÄVELLERSCHEKKS
traveler's checks

DÄ ZINS
interest rate
DÄ FINANZMÄRT
financial market
DÄ LAPPÄ
100 francs
DÄ SCHNÄGG
5 francs
D'TONNÄ
1000 francs
D'CHISCHTÄ
a million francs
S'KONTO ÜBERZIÄ
overdraft
PLAITE
broke
VERLÜRÄ
lose
ARM
poor
BANK
S'KONTO
account
DÄ BANKUUSZUG
bank statement
DÄ MARKT
the market
D'SCHTÜRÄ
taxes
D' VERMÖGENSALAG
investment
DÄ VERCHAUFF
sale
D'AKZIÄ
stocks
S'DARLEÄ
loan
DÄ BÄNKÄR
bank manager
D'NACHFRAG
demand
S' AGEBOT
supply
DÄ GELDAUTOMAT
ATM
UUSLENÄ
borrow
GSCHÄFTLICH
commercial
FINANZIÄRÄ
finance
DÄ PINKOD
pin
ABHEBÄ
withdraw
INVESCHTIÄRÄ
invest
D'MÜNZÄ
coin
S'VERMÖGÄ
capital
DÄ SCHTUZZ
one franc
RIICH
rich
D'SCHLANGÄ
line
D'EEZEE-CHARTÄ
debit card
D'KREDIT-CHARÄ
credit card
S'ERSCHPARTI
savings
S'GÄLD
money
S'BARGÄLD
cash
S'SAKKGÄLD
pocket money
USGÄ
spend

D'WIRTSCHAFT
economy
DÄ GWÜNN
profit
D'USLAND-INVESCHTIZIONÄ
foreign investments
D'RÄCHNIG
invoice
D'INNOWAZION
innovation
S'WACHSTUM
growth
DÄ SCHWIIZER FRANKÄ
Swiss franc
S Fr.
DÄ WÄCHSELKURS
exchange rate
D'WÄÄRIG
currency
D'OOSS
bull market
S'GÄLD
money
D'ZENTRALBANK
Central Bank
D'REGIERIG
government
D'ROOSCHTOFF
raw materials
D'RESERVÄ
reserves
D'SCHTAATSHILF
government help
D'HILF
aid
PUURÄ
farm
BAR
cash
SUBVENZIONIÄRÄ
subsidy
D'LANDWIRTSCHAFT
agriculture
BUY NOW!
BH
PRODUZIÄRÄ
produce
D'HERSCHTELLIG
manufacturing
S'LAND
land
DÄ SÄRWISS
service
D'KWALITÄT
quality
DÄ BODÄ
soil
DÄ CHUND
client
ZALÄ
pay
SANKZIONIÄRÄ
sanction
D'VERSICHERIG
insurance
D'CHRANKÄKASSÄ
health insurance
DÄ GÄLDFLUSS
money flow
2x1
S'AGEBOT
supply
IMPORTIÄRÄ
import
D'NACHFRAG
demand
DÄ CHOIFFER
buyer
GLOBAL
global
IICHAUFFÄ
buy
D'KONSUMÄNTIN
DÄ KONSUMÄNT
consumer
DÄ RABBAT
discount
DÄ MARKT
market
3.- Fr.
%
DÄ WETTBEWERB
competition
CHAUFFÄ
shop
DÄ PRIIS
price
VERCHAUFFÄ
sell

D'BODÄSCHÄZZ
natural resources
S'SCHTÜRPARADIS
tax haven
S'RISIKO
risk
D'BÄSS
bear market
S'SCHTÜRAMT
tax office
TAX
LIQUIDI MITTEL
liquidity
D'IIKOMMENSSCHTÜRÄ
income tax
DÄ TURISMUS
tourism
DÄ GLOIBIGÄR
creditor
S'GSCHÄFTSJAAR
fiscal year
DÄ VERLUSCHT
losses
ÖFFENTLICH
public
FINANZIÄRÄ
finance
S'KAPITAL
capital
DÄ HUUSHALT
household
D'SAAT
crops
SCHTIGÄ
gain
D'INDUSCHTRII
industry
BANK
DÄ KREDIT
credit
S'VII
livestock
D'SCHULDÄ
debt
DÄ HUUSPRIIS
housing prices
D'TRANSAKZION
transaction
PRIVAT
private
D'FABRIK
factory
D'WOOLTÄTIGKAIT
charity
D'HÜPOTHEK
mortgage
TRANSPORTIÄRÄ
transport
D'PRODUKZION
production
S'IIKOMÄ
income
LIFÄRÄ
deliver
VERTAILÄ
distribute
D'ARMUÄT
poverty
ARBETSLOS SI
be unemployed
MIÄTÄ
rent
DÄ VERMIÄTER
landlord
DÄ MIÄTER
tenant
D'ARBETSLOSIGKAIT
unemployment
D'UNGLICHHAIT
inequality
DÄ RIICHTUM
wealth
VERMIÄTÄ
rent out
DÄ ZOLL
duty
AGSCHTELLT SII
be employed
ÖPPER ASCHTELLÄ
hire somebody
DÄ AGSCHTELLTI DÄ ARBETGÄBER
employee employer
DÄ TARIF
tariff
S'BRUTTOINLANDPRODUKT
gross domestic product (GDP)
Cartatscha
DÄ HANDEL
trade
DÄ LOON
salary
D'BESCHÄFTIGUNG
employment
D'GÜATER
goods
1.- Fr.
DÄ WERT
value
ABÜTÄ
offer
EXPORTIÄRÄ
export
DÄ FÄRI HANDEL
fair trade
D'MÄNGI
quantity
D'GRÄNZÄ
border

WEALTH

SWISSNESS

75

DÄ ENTDEKKÄR
explorer
FANTASIIVOLL
imaginative
ABENTÜRLICH
adventurous
S'SCHUZZSCHILD
shield
(Swiss coat of arms)
BEIS-TSCHÖMPÄ
base jump
SCHWIIZER KAMPFFLUGZÜG
Swiss fighter jet
DÄ SCHTAIBOKK
ibex
S'TESSIN
Ticino
JODLÄ
yodeling
DÄ FRIDÄ
peace
D'VERTAIDIGUNG
defense
S'MATTERHORN
Matterhorn
DÄ WINTERSCHPORT
winter sports
D'SCHII
ski
S'SCHWIIZER
SAKKMÄSSÄR
Swiss
Army
knife
ZUG
train
DÄ YODEL
yodel
D'ALPÄ
alps
S'MILITÄR
military
D'MOBILITÄT
mobility
LANGLOIFLÄ
cross-country skiing
DÄ FLÄSCHÄÖFFNER
bottle opener
BERN
Bern
GENF
Geneva
LÄNDLICH
rural
S'BUNDESHUUS
Federal Palace
D'LIÄBI
love
MALERISCH
picturesque
S'BOOT
boat
D'KREATIVITÄT
creativity
S'HÄRZ
heart
DÄ PUURÄHOOF
farm
PUURÄ
farming
DÄ TÖFF
motorcycle
D' WILDTIÄR
wildlife
DÄ WII
wine
D'WISÄ
meadows
S'FONDÜ
cheese fondue
DÄ SCHNAPS
spirit drink
D'MEDIZIN
medicine
DÄ CHÄÄS
cheese
S'RAGLETT
raclette
S'FONDÜ-RÖSCHO
burner
D'ERFINDIG
innovation
S'FLAISCHFONDÜ
(FÜNDU BURGINION,
FONDÜ SCHINUAS)
meat fondue
DÄ SCHÄLER
peeler

D'REGA RETTIGSFLUGWACHT
REGA rescue
D'TECHNIK
technology
D'ETEHA (ETH)
Swiss Federal Institute of Technology
D'VERSICHERIG
insurance
SCHWIIZER FAANÄ
Swiss flag
D'BÄRGÄ
mountains
D'HELVEZIA
Helvetia
S'RÜTLI
Rütli
S'ALPHORN
alphorn
DIREKTI DEMOKRATII
direct democracy
D'LÜT
people
D'VILLFALT
diversity
SCHWINGÄ
Swiss wrestling
S'ROOTI CHRÜÜZ
Red Cross
DÄ NOBELPRIISTRÄGER
Nobel Prize laureate
D'NAKKTWANDERER
naked hikers
WILHELM TELL
William Tell
D'KULTUR
culture
VILLSPRACHIG
multilingual
D'CHUÄ
cow
WANDERÄ
hike
S'EDELWIS
edelweiss
D'GAISS
goat
D'SCHOGGI
chocolate
D'FRÜNTLICHKAIT
friendliness
FASNACHT
carnival
D'NOITRALITÄT
neutrality
S'REFERENDUM
referendum
DÄ OLDTAIMÄR
classic cars
S'GABRIOLE
convertible
JA
NEIN
D' APPÄZÄLLERCHUÄ
appenzeller cow
ABSCHTIMMÄ
vote
D'ARM-BANDUUR
watch
ZH 330
DIÄ GROSS SCHWIIZER TUUR
grand tour of Switzerland
and many, many, many, many more...

Sun
Sunny

EARTH

DÄ MAI
May
DÄ JUNI
June
DÄ JULI
July
DÄ AUGUSCHT
August
D'SUNNÄ
sun
DÄ MORGÄ
morning
DÄ MITTAG
midday
DÄ'TRIIBHUUS-EFFÄKT
greenhouse effect
BRÄNNÄ
burn
DÄ NAMITTAG
afternoon
SCHIINÄ
shine
HÖCHI TEMPERATUR
high temperature
TÜFI TEMPERATUR
low temperature
DÄ TAG
day
S'SCHTÄRNBILD
constellation
ZIISCHTIG
Tuesday
DÄ WIND
wind
MÄNTIG
Monday
MITTWUCH
Wednesday
OCTOBER
SUNNTIG
Sunday
DÄ APRIL
April
SAMSCHTIG
Saturday
DUNNSCHTIG
Thursday
FRIITIG
Friday
SCHTRÄZZÄ
strong rain
DÄ ORKAN
hurricane
DÄ SUMMER
Summer
TRÖPFLÄ
rain lightly
DÄ TSUNAMI
tsunami
D'WÄLLÄ
wave
DÄ FRÜALIG
Spring
EBBE UND FLUÄT
tide
DÄ RÄGÄBOGÄ
rainbow
DÄ FÖÖN
foehn
SCHÖNS WÄTTER
lovely weather
WARM
hot
DÄ TORNADO
twister
CHALT
cold
D'LAWINÄ
avalanche

DÄ SEPTÄMBER
September
DÄ OKTOBER
October
DÄ NOVÄMBER
November
DÄ MOND
moon
D'ATMOSFÄRÄ
atmosphere
D'ZIIT
time
S'DATUM
date
D'MINUTÄ
minute
D'SCHTUND
hour
'SEKUNDÄ
second
DÄ DEZÄMBER
December
DÄ FOLLMOND
full moon
DÄ ABIG
evening
DÄ JANUAR
January
S'GWITTER
thunderstorm
BEWÖLKT
cloudy
SCHTURM
storm
DÄ RÄGÄ
rain
DÄ DUNNER
thunder
DÄ BLIZZ
lightning
D'NACHT
night
DÄ FEBRUAR
February
SCHTARCHÄ RÄGÄ
heavy rain
RÄGNÄ
rain
SHUDDELWÄTTER
bad weather
VERUKKTS WÄTTER
crazy weather
D'WULCHÄ
clouds
ASS
wet
SRF SRF
DÄ HÄRBSCHT
Autumn
SCHTARKÄ WIND
strong wind
BLASÄ
blow
DÄ MÄRZ
March
D'WÄTTERVORHERSAG
weather forecast
DÄ WINTER
Winter
D'ÜBERSCHWÄMMIG
flood
DÄ NÄBEL
mist
SCHNAIÄ
snowing
HAGLÄ
hail
DÄ SCHNEE
snow

D'ZIITZONÄ
time zone
D'GEOGRAFII
geography
DÄ NORDPOL
north pole
DÄ GLETSCHER
glacier
D' BÄRGKCHETTI
mountain range
SCHIINÄ
shine
D'FAUNA
fauna
DÄ IISBÄRG
iceberg
DÄ VULKAN
volcano
DÄ DAMM
dam
BRÄNNÄ
burn
D'LAVA
lava
DÄ WALD
forest
S'TAAL
valley
DÄ WALD-BRAND
wildfire
FLÜSSÄ
flow
S'DORF
village
DÄ URWALD
jungle
FÜÄCHT
humid
D'FLORA
flora
D'BEVÖLKERIG
population
DÄ FLUSS
river
S'GLÄND
terrain
DÄ NEBEL
fog
DÄ DUNSCHT
mist
ÜBERSCHÄMÄ
flood
DÄ SCHTRAND
beach
DÄ WESCHTÄ
west
DÄ SUMPF
swamp
DÄ GOLF
gulf
DÄ SCHTRUDEL
whirlpool
33°33'33''
D'KOORDINATÄ
coordinates
DÄ WIRBEL
vortex
D'LAGUNÄ
lagoon
D'HALBINSLÄ
peninsula
S'MEER
sea
DÄ KONTINENT
continent
DÄ SÜD
south

DÄ NORDÄ
north
D'HÖCHI
altitude
HÖCH
high
DÄ GIPFEL
peak
DÄ BÄRG
mountain
DÄ GRÄNZSCHTAI
landmark
D'OASÄ
oasis
D'DÜNÄ
dune
S'WÄTTER
weather
D'WÜESCHTI
desert
USTRÖCHNÄ
dry out
TAFELBERG
mesa
FLACH
flat
TÜÜF
low
DÄ KLIMAWANDEL
climate change
S'KLIMA
climate
D'HÖÖLI
cave
D'SÄNKI
depression
TROCHÄ
arid
DÄ HÜGÄL
hill
HÜGELIG
hilly
DÄ SEE
lake
D'EBENI
plain
D'SCHLUCHT
canyon
DÄ KANAL
canal
DÄ WASSERFALL
waterfall
S'LAND
country
D'HOCHEBENI
plateau
D'WISÄ
meadow
IRAISEZIIT-PUNKT
port of entry
D'SCHTATT
city
D'HAUPTSCHTATT
capital
D'GRÄNZÄ
borders
D'KÜSCHTÄ
coast
S'DELTA
delta
D'KLIPPÄ
cliff
DÄ OSCHTÄ
east
D'BUCHT
bay
D'FLUSSMÜNDIG
river mouth
IHAIMISCH
native
FINISH
START
D'ENTFERNIG
distance
D'INSLÄ
island
D'INSELGRUPPÄ
archipelago
DÄ KOMPASS
compass
N
E
S
W
DÄ OZEAN
ocean
S'RIFF
reef
DÄ SÜDPOL
south pole

PETROL 161
DIESEL 171
CAR WASH 45
THE BEST
GAS

MOBILITY

GAS
S'PRIISSCHILD
price sign
S'BENZIN
gasoline
1.68
DISEL
diesel
2.33
DÄ PRIIS
price
D'TANKSCHTELL
gas station
GAS
THE BEST
S'MOTORÖL
motor oil
UMWÄLTFRÜNDLICH
environmentally friendly
DÄ AUTOFAARER
motorist
S'SUNNÄTACH
sun roof
DÄ KOFFÄRRUUM
trunk
D'MOTORHUUBÄ
hood
D'ELEKTRIZITÄT
electricity
DÄ MOTOR
engine
D'BATTERI
battery
AUTOWÖSCHÄ
car wash
DÄ LUFTDRUKK
air pressure
DÄ CHÜBEL
bucket
S'SCHTÜÜRRAD
steering wheel
DÄ TRICHTER
funnel
DÄ WAGEHEBÄR
jack
DÄ RÜKKSCHPIÄGÄL
rearview mirror
D'TESCHTFAART
test-drive
DÄ GRIFF
clutch
S'PEDALL
pedal
DÄ KILOMETERSCHTAND
kilometrage

D'GARASCH
car repair shop
D'SCHUZZSCHIIBÄ
windshield
TANKSCHTELLÄSCHOPP
service shop
D'OGGASION
used car
D'AUTOTÜÜR
car door
DÄ BLINKER
blinker
GAS SHOP
S'VORDERLIÄCHT
headlight
D'SCHTOSSSCHTANGÄ
bumper
HUPÄ
horn
D'AUTONUMMERÄ
license plate
D'BRÄMSÄ
breaks
DÄ AUTOLIFT
car lift
TANKSCHTELLÄWART
gas station attendant
DÄ UNDERHALT
maintenance
D'DACHBOX
roof box
D'VORDERSITÄ
front
D'RÜKKSITÄ
rear
DÄ USSÄSCHPIÄGÄL
side-view mirror
D'GURTÄ
seat
belt
TANKÄ
tank
DÄ BENZIN-SCHLUUCH
gas hose
D'ABGASÄ
car fumes
D'KUPPLIG
handle
DÄ CHARRÄ
car (colloquial)
D'RAIFÄ
wheels
FLIKKÄ
repair
DÄ USPUFF
exhaust
DÄ ÄRBÄG
airbag
DÄ AUTOSCHLÜSSÄL
car key
S'FETT
grease
DÄ BENZIN-TANK
gas tank
DÄ PNÖÖ
tire
S'PROFIL
tread
D'GANGSCHALTIG
gear shift
DÄ FAARUSWIIS
driver's license
S'EXTRARAD
spare wheel
DURÄSCHTÄCHÄ
puncture

FLÜGÄ
fly
D'SAILBAAN
cable car
DÄ HELI
helicopter
DÄ PILOT
D'PILOTIN
pilot
DÄ FLUGHAFÄ
airport
HOCH
high
D'RAKETÄ
rocket
D'SCHTANDSAILBAAN
funicular
DÄ PÄNDLER
commuter
S'TRAM
tram
DÄ BAANHOF
train station
S'FRACHT-
SCHIFF
cargo ship
S'SÄGEL-
BOOT
sailboat
S'KAJAK
kayak
IISCHTIGÄ
(get on) board
DÄ HAFÄ
port
S'BOOT
boat
SCHWÄBÄ
float
LADÄ
load
S'SCHIFF
ship
DÄ HAFÄ
harbor
D'FÄÄRI
ferry
S'UUBOOT
submarine
S'SCHLUUCH-
BOOT
dinghy
DÄ CHINDER-
WAGÄ
stroller
SCHTÜRÄ
steer
DÄ LASCHTWAGÄ
truck
TUÜF
low
D'KUTSCHÄ
carriage
D'VESCHPA
vespa
D'ABCHÜRZIG
shortcut
S'SCHTÜÜRRAD
steering wheel
STOP
S'BÜSSLI
van
DÄ TSCHIIP
jeep
S'AUTO
car
S'SCHTOPPSCHILD
stop sign
D'TANKSCHTELL
gas station
D'UMFAARIG
detour
DÄ SCHTAU
traffic jam
DÄ BENZINER
gasoline engine
S'LIÄCHT
light
DÄ TÖFF
motorcycle
DÄ VERCHEER
traffic
DÄ HELM
helmet
D'TÖFF-FAARERIN
biker
DÄ QUAD
all-terrain vehicle

TRANSPORTATION

89

MOBILITY

ALTERNATIVI VERKEHRSMITTEL
alternative transportation
SCHWÄBE
float
DÄ BALOON
balloon
DÄ LIFT
elevator
SCHTETTISCHI MOBILITÄT
urban mobility
DÄ FLUGVERKER
air transport
DÄ FUÄSSGÄNGER
pedestrian
P
DÄ MÜNZAUTOMAT
parking meter
ROLLBRÄTT FAARÄ
skate
DÄ ÄSÜÜVII
SUV
D'ROLLSCHUÄ
roller skates
S'ELEKTROAUTO
electric car
ENERGIIEFFIZIENT
energy efficient
UMWÄLTFRÜNDLICH
environmentally friendly
LAUFFÄ
walk
DÄ SCHUÄLWEG
way to school
D'FUÄSSGÄNGERIN
pedestrian
S'ROLLBRÄTT
skateboard
33
D'PARKPLAZZ-NUMMERÄ
parking number

DÄ FALLSCHIRM
parachute
D'SAILBAAN
funicular
D'TRAMHALTESCHTELL
tram stop
D'BUSSCHTAZION
bus stop
S'PARKPLAZZSCHILD
parking sign
PARKING
RÄNNÄ
run
9 ZOO
33 FLORA
S'TRAM
tram
D'PASSASCHIÄRIN
DÄ PASSASCHIÄR
passenger
D'FAARERIN
driver
DÄ HÜBRID
hybrid vehicle
DÄ WELOSCHTÄNDER
bicycle stand
D'OCCASION
used car
S'TIBAIK
electric bike
PARKIÄRÄ
park
S'WELO
bicycle
D'VERCHERSPOLIZEI
traffic police
DÄ BUSS
bus
D'TRAMSCHINNÄ
tram tracks
TAXI
S'TAXI
taxi
S'TROTTI
scooter

DÄ BAANHOF
train station
DÄ ZUG
train
DÄ FAMILIÄWAGÄ
family wagon
PASSACHIÄRIN
DÄ PASSASCHIR
passenger
D VORHANG
train curtain
S'FÄNSCHTER
window
1
ERSCHTI KLASS
first class
2
ZWAITI KLASS
second class
KAIS BILLET
no ticket
DÄ VOLLI ZUG
full train
FARÄ
ride
S'BILLET
ticket
DÄ KONTROLLÖR
ticket controller
SBB CFF
DÄ WAGÄ
carriage
DÄ WELOBERAICH
bicycle area
S'HALBTAX
half-fare card
S'GE-A
The GA Travelcard
FINDÄ
find
DÄ RUKKSAKK
backpack
DÄ ZUGASCHLUSS
connecting train
DÄ BLINDEFÜÄRER
blind person's guide
S'PERRON
platform
D'BAAN
railroad
S'ZUGPERSONAL
train staff
D'GLAIS
tracks

DÄ HAUPTBAANHOF
main train station
ASÄGÄ
announce
DÄ LUUT-SCHPRÄCHER
loudspeaker
D'GLAIS-NUMMERÄ
platform number
DÄ GLAIS BERAICH
platforms
D'SICHERHAIT
security
D'VERSCHPÖTIG
delay
10. 26
5 Minuten später
S5
SEKTOR B C
STADELHOFEN ZURICH HB OERLIKON OBERGLATT
Niederweningen
D'USKUNFTS-TAFLÄ
information screen
3 A
LOST
GFUNDÄ
found
S'FUNDBÜRO
lost and found
Tickets
i
VERLÜRÄ
lose
S'BILLETBÜRO
ticket office
D'INFORMAZION
information
Ä SCHPIISWAGÄ
restaurant car
D'LOKKI
locomotive
S'KAFI-WÄGELI
buffet car
TRÄFFÄ
meet
FRÜA
early
DÄ KONDUKTÖR
conductor
D'AGGLO
agglomeration
DÄ TRÄFFPUNKT
meeting point
SCHPILÄ
play games
DÄ BILLETSCHALTER
ticket machine
D'SCHLÜSSFÄCHER
lockers
33
34
DÄ UNDERHALT
maintenance
ZSCHPAT CHO
arrive late
PRESSIERÄ
hurry up
S'GEPÄKK
baggage

BUY
NEWS
WWW

COMMUNICATION

FILMÄ
film
DÄ SATELLIT
satellite
ÜBERMITTLÄ
transmit
D'ANTÄNNÄ
antenna
S'SIGNAL
signal
D'WÄRBIG
ad
BUY
BEOBACHTÄ
observe
S'KINO
cinema
D'SCHTIMM
voice
S'PUBLIKUM
audience
D'AKÜNDIGUNG
announcement
D'UNDERHALTIG
conversation
S'TELEFON
telephone
S'MAGAZIN
magazine
DÄ PÖSCHTLER
postman
DÄ BRIÄFCHASCHTÄ
mailbox
D'TATSACH
fact
RATÄ
guess
TELEFONIÄRÄ
call
D'SITÄ
pages
S'INTERNET
internet
D'POSCHT
mail
REDÄ
speak
S'MIKRO
microphone
D'SCHLAGZIILÄ
headlines
NEWS
DSITÄ
pages
D'ZIITIG
newspaper
S'GHAIMNIS
secret
DÄ GHAIMKOD
secret code
D'MAINIG
opinion
DÄ EXPERT
expert
D'NACHRICHT
message
SCHRIIBÄ
write
D'LÜÜT
people
FLÜSCHTERÄ
whisper
Ä NACHRICHT SCHIKKÄ
message
NOTIZÄ MACHÄ
take notes
S'FOTI
photography
D'USASG
announcement
D'MÄLDIG
D'ERCHLÄRIG
declaration
DÄ SCHURNALISCHT
journalist
DÄ FOTOGRAF
photographer
USSCHTRAALÄ
broadcast
FOTOGRAFIÄRÄ
photograph
D'INFO
information

UNHÖFLICH
rude
ZENSURIÄRÄ
censor
CENSURED
D'ZENSUR
censorship
D'ÜBERTRÄGIG
transmission (TV)
DÄ BIIMER
projector
DÄ FERNSEE
television
NEWS
D'NACHRICHTÄ
news (TV)
D'TAFLÄ
board
D'BRIÄFMARKÄ
postal stamp
DÄ BRIÄF
letter
GHÖRÄ
hear
DÄ CHOPFHÖRER
headphones
S'RADIO
radio
LÄSÄ
read
S'BUÄCH
book
D'BÖXLI
speakers
S'FERNSEEPUBLIKUM
tv audience
DÄ USDRUKK
expression
DÄ KLATSCH
gossip
SRF
KOMMUNIZIÄRÄ
communicate
LÜGÄ
lie
USFRÖGÄ
interview
UFNÄ
record
D'AAWISIG
statement
INFORMIÄRÄ
inform
D'PRICHTERSCHTATTERIN
reporter
S'NEZZWERK
network
S'IIMEIL
email
SOUSCHÄL MIDIA
social media
Hoi
Hoi!
TSCHÄTTÄ
chat
by text/online
D'SCHPRÄCH
language
S'SIMBOL
symbol
S'VIDEO
video
D'WEBKAMERA
webcam
S'HÄNDI
cell phone
video camera
DÄ VIDEOARUÄF
video call
SCHWÄZZÄ
chat
VERBUNDÄ
connected
D'BESCHPRÄCHIG
meeting
S'KABÄL
cable
VERBINDÄ
connect
DÄ LÄPTOP
laptop
DÄ KOMPI
computer

D'KUNSCHT
art
S'THEATER
theater
S'RAMPÄLIÄCHT
spotlight
LUSCHTIG
funny
D'KOMÖDIÄ
comedy
VORTRAGÄ
recite
SINGÄ
sing
D'OPERÄ
opera
S'DRAMA
drama
DÄ GLOON
clown
MALÄ
paint
D'LIINDWAND
canvas
DRAMATISCH
dramatic
D'FANTASII
imagination
DÄ SCHAU-
SCHPILER
actor
D'KÜNSCHTLERIN
artist
SCHLÄCHTI
KRITIK
bad
reviews
S'GFÜÜL
feeling
SCHPILÄ
act
THEATER SCHPILÄ
theatre play
D'FARB-
PALETTÄ
color pallet
D'KRITIK
critic
GUETI
KRITIK
good
reviews
D'MAINIG
opinion
VORFÜÄRÄ
perform
D'ZENSUR
censorship
D'BÜÜNÄ
stage
D'ERFRÜSCHIG
refreshments
D'UNTERHALTIG
entertainment
UNTERHALTÄ
entertain
S'PUBLIKUM
audience
ÖFFENTLICH
public

DÄ PROJEKTOR
projector
S'KINO
cinema
PROJIEZIÄRÄ/
ZAIGÄ
project
D'KAMERA
camera
'FOTOGRAFII
photography
FOTOGRAFIÄRÄ
take photos
D'GROSSLIINWAND
big screen (cinema)
VISUELLE KUNSCHT
visual art
D'KUNSCHTGALLERII
art gallery
ABSCHRAKT
abstract
D'KUNSCHTSAMMLIG
art collection
D'USSCHTELLIG
exhibition
DÄ SCHLAGZÜGER
drummer
MODERNI MUSIG
modern music
D'BAND
music band
D'ARCHITEKTUR
architecture
DÄ GITARISCHT
guitarist
D'SCHTRASSEKUNSCHT
street art
S'MODEL
model
MODELLIÄRÄ
modeling
DÄ KÜNSCHTLER
artist
FILMÄ
film
D'MELODII
melody
DÄ FLÖTISCHT
flutist
DIÄ KLASSISCH MUSIG
classical music
MUSIG MACHÄ
play music
SCHNIZZÄ
carve
KLAVIR SCHPILÄ
play piano
NAKKT
nude
D'MUSIKER
musicians
D'SKULPTUR
sculpture
DÄ BILLET-SCHOPP
ticket shop
KRITISIÄRÄ
criticize
D'SCHTATUÄ
statue
ZAICHNER
illustrator
S'KUNSCHTFESTIVAL
art festival
DÄ BLEISCHTIFT
pencil
TANZÄ
dance
ZAICHNÄ
draw
D'DARBIÄTIG
performance
FARBIG
colorful
SCHÖN
beautiful
DÄ KARIKATURISCHT
cartoonist
SKIZZIÄRÄ
sketch
DÄ PINSEL
brush
DÄ GUMMI
eraser
SICH ÜSSERÄ
express oneself
KREATIV
creative

A
F
S
Z
P

NUTRITION

D'BANANÄ
bananas
D'MAALZIIT
meal
S'ZMORGÄ
breakfast
S'ZNÜÜNI
snack at 9 am
S'ZMITTAG
lunch
S'DÖPPERWER
containers
SALZIG
salty
S'MÄÄL
flour
S'SALZ
salt
DÄ ZUKKÄR
sugar
DÄ PFÄFFER
pepper
ZUM MITNEEH
takeout
DÄ ÖPFEL
apple
S'LAMM
lamb
D'CHRÜTER
herbs
S'RINDFLAISCH
beef
S'FLAISCH
meat
D'ARTISCHOKKÄ
artichoke
D'ANANAS
pineapple
D'SCHPARGLÄ
asparagus
GHAKKETS
minced meat
S'GMÜÄS
vegetable
D'ZUGGETTI
zucchini
DÄ MAIS
corn
DÄ KOPFSALAT
lettuce
S'SCHWINIGS
pork
D'KRÖVETTÄ
shrimp
SUUR
sour
D'AUSCHTÄRÄ
oysters
D'SARDINÄ
sardines
DÄ SCHTOKKI
mashed potatoes
DÄ HUMMER
lobster
D'ZITRONÄ
lemon
D'LIMETTÄ
lime
D'ÄRBSLI
peas
D'HÄRDÖPFÄL
potatoes
D'CHRABBÄ
crab
D'BÜX
tin can
D'MIISMUSCHLÄ
mussel
D'GUMMIBÄRLI
gummy bears
D'LINSÄ
lentils
D'BOONÄ
beans
DÄ RÜÄBLI-CHUÄCHÄ
carrot cake
SÜÄSS
sweet
DÄ THON
tuna
D'WASSERMELONÄ
watermelon
DÄ PFIRSICH
peach
D'TAIGWARÄ
pasta
S'GLASSE
ice cream
DÄ KOMPOSCHT
compost
D'FRÜCHT
fruits
D'TRUUBÄ
grapes
DSÜSSIGKAITÄ
sweets
DÄ CHUÄCHÄ
cake
DÄ DESSER
desert
D'PFLUMÄ
plum
DÄ BÖRGÄR
burger
DÄ SCHLÄKK-SCHTÄNGÄL
lollipop
D'SCHOGGI
chocolate
S'SÄNDWITSCH
sandwich
D'POMM FRITT
french fries

S'ZVIÄRI
snack at 4 pm
S'ZNACHT
dinner
S'GUÄZLI
cookie
D'BRATWURST
sausage
D'FLÖKKLI
cereal
S'MÜÄSLI
muesli
S'CHOCHBUÄCH
cookbook
S'REZÄPT
recipe
D'GURKÄ
cucumber
DÄ CHÜRBIS
pumpkin
S'RÜÄBLI
carrot
D'TSCHILI-SCHOOTÄ
chili peppers
DÄ CHNOBLI
garlic
SCHARF
spicy
D'ZWIBLÄ
onions
DÄ SCHINKÄ
ham
BITTER
bitter
D'TOMATÄ
tomato
S'GWÜÄRZ
condiment
S'AROMA
aroma
D'HÜÄNERSUPPÄ
chicken soup
D'POMM TSCHIPPS
chips
DÄ ÖPFELCHUÄCHÄ
apple pie
DÄ CAYENNE-PFÄFFER
cayenne pepper
DÄ FISCH
fish
DÄ SNÄKK
snack
DÄ TRUUTHAAN
turkey
FRITTIERTÄ FISCH
fried fish
ÄS KOCHTS
boiled egg
D'MAYONÄS
mayonnaise
VEGETARISCH
vegetarian
S'SCHTÄNGEL-GLASSÄ
popsicle
D'TOMATÄ-SOSSÄ
tomato sauce
DÄ SÄNF
mustard
S'GIPFELI
croissant
S'BROT
bread
S'TOMATÄPÜREE
tomato paste
DÄ SALAT
salad
S'TIÄRFUÄTTER
pet food
D'OLIVÄ
olives
D'ERDNÜSS
peanuts
D'PIZZA
pizza
D'MILCH-PRODUKT
dairy products
french baguette
S'BAGET
DÄ HONIG
honey
D' GOMFI
jam
HUNGRIG
hungry
S'SCHPIÄGÄLAI
fried egg
DÄ CHÄS
cheese
S'PULE
chicken
S'ERDBEERI
strawberry
S'AI
egg
DÄ RIIS
rice
D'RÖSCHTI
rosti
DÄ HOT DOG
hot dog
DÄ TOOSCHT
toast

PRÖSCHTLI!
XUNDHAIT!
VIVA!
PROST!
cheers!
AIS GO ZIÄ
have a drink
TRINKÄ
drink
DÄ AUGÄKONTAKT
Eye contact
(when prost!)
D'FIIR
celebration
S'SCHAMPANJER GLASS
champaign glass
A DÄ BAR
at the bar
S'TÄSSLI cup
DÄ ROOTWII
red wine
DÄ ROSE
rose wine
D'KAFIMASCHINÄ
coffee machine
HAISS
hot
ALKOHOLISCH
alcoholic
D'BIRZAPFSÜLÄ
beer dispenser
DÄ ESPRESSO
espresso
DÄ BARKIIPER
barman
DÄ GRÜÄNTEE
green tea
DÄ SCHNAPPS
schnapps
DÄ SCHUUM
froth
D'SCHALÄ
coffee with milk
D'CHANNÄ
pot
S'BIÄR
beer
DÄ KAFIRAAM
cream
DÄ TEE
tea
DÄ COKTEIL
cocktail
DÄ FRÜCHTETEE
fruit tea
D'TASSÄ
mug
DÄ APERO
aperitif
BRAUÄ
brew
DÄ SCHLUMMI
nightcap
S'RÖÖR
straw
DÄ SCHÜMLIPFLÜMLI
coffee with schnapps
and cream
DÄ KAFI FERTIG
coffee with schnapps
CHRÜTÄR
herbal schnapps
S'GLASSE
ice cream
DÄ ENERDSCHI-DRINK
energy drink
DÄ KIRSCH
Swiss cherry
schnapps
D'ÜBERZUKKERIG
sugar overdose

DÄ APERO
drinks
D'BAR
bar
DÄ UUFGUSS
infusion
DÄ SCHAMPANJER
champaign
D'PORZION
serving
DÄ CHÜÄLSCHRANK
fridge
S'GOGGI
coke
SODA
soda
DÄ CHRÜTÄRTEE
herbal tea
DÄ WISSWII
white wine
DÄ DESEERWII
dessert wine
ÄS MINERAL
mineral water
DÄ DISCHESTIV
digestive drink
D'GETRÄNKE-
DOSÄ
soda can
DÄ ALK
alcohol
D'UHATE MILCH
UTH milk
DÄ ORANGSCHÄSAFT
orange juice
DÄ
TROPFÄ
drop
S'TETRAPAKK
drink carton
DÄ KAFI
coffee
FRUSCHI
MILCH
fresh milk
S'WASSER
water
DÄ MIXER
blender
D'MILCH
milk
S'GLAS
glass
D'LIMO
lemonade
S'IIS
ice
D'ÖPFELSCHORLÄ
mix of apple juice and
sparkling water
DÄ FRUCHTSAFT
fruit juice
DÄ MILCHSCHEIK
milkshake
D'SUPPÄ
soup
DÄ HONIG
honey
D'SCHÜSSLÄ
bowl
CHOCO
D'OVI
ovaltine
S'JOGURT
yogurt
DIÄ
HAISSI
SCHOGGI
hot chocolate

MASTER

KNOWLEDGE

D'FACHLÜT
professionals
D'BILDIG
education
DÄ MASTER
master's degree
SICH ASCHTRENGÄ
make an effort
D'UNI
university
DÄ SCHTREBER
nerd
D'MATURA
qualification for university
DÄ
SCHTRESS
stress
D'HUSUFGABÄ
homework
DÄ DÜTSCHKURS
German class
S'GIMI
gymnasium
DÄ
MISS-
ERFOLG
failure
D'MITTEL-
SCHTUFÄ
secondary school
DÄ
SCHUÄL-
DIREKTOR
headmaster
LÄRNÄ
study
NÖD BESCHTANDÄ
failed
D'PRIMAR-
SCHUÄL
primary school
ZAIGÄ
present
DÄ TIINI
teenager
LÄSÄ
read
BEWERTÄ
evaluate
DÄ KINDZGI
kindergarten
D'SCHUÄL
school
LEERÄ
learn
D'GRUPPÄARBET
group work
SCHRIIBÄ
write
S'PULT
desk
D'FRÜNDÄ
friends
INNOVATIV
innovative
S'ZNÜÜNI
snack at 9 am
D'CHRIPPÄ
day care center
AIS
ZWAI
DRÜ
VIÄR
FOIF
S'CHLIICHIND
toddler
DÄ HORT
day care center
DÄ SCHPILLPLAZZ
playground

PENSIONIÄRT WERDÄ
retire
DÄ ABSCHLUSS
degree
D'LEER ABSCHLÜSSÄ
complete an apprenticeship
Ä ARBET FINDÄ
get a job
S'DOKTORAT
PhD
S'DIPLOM
diploma
D'SCHUÄL ABSCHLÜSÄ
graduate
D'LEER
apprenticeship
SCHTUDIÄRÄ
study (university)
D'LEER AFANGÄ
start an apprenticeship
BESCHTANDÄ
passed
D'FACH-HOCH-SCHUÄL
advanced technical college
ÜABÄ
pratice
ÜBERPRÜÄFÄ
review
D'WANDTAFLÄ
blackboard
D'NOTÄ
grades
DÄ LEERER
teacher
D'MATI
math
PRÜÄFIG VERHAUÄ
PRÜÄFIG NÖD BESCHTA
fail an exam
BEURTAILÄ
evaluate
UNTERRICHTÄ
teach
KREATIV
creative
D'PRÜÄFIG
test
UFPASSÄ
pay attention
DÄ SCHUÄL-PSYCHOLOG
school psychologist
D'FERIÄ
vacations
D'PAUSÄ
break
GNÜÜSSÄ
enjoy
D'KINDER-GÄRTNERIN
kindergarden teacher
DÄ THEK
schoolbag
PRÜÄFIG BESCHTA
pass an exam
S'SCHUÄLZÜG
school material
DÄ ERFOLG
success
GSCHICHT
history
DÄNKÄ
think
ID SCHUÄL GA
go to school
TURNÄ
physical education
S'HIRNI
brain

DÄ LÄBENSRUUM
habitat
S'LIÄCHT
light
S'UNIVERSUM
universe
DÄ KOMET
comet
SCHWARZES LOCH
black hole
DÄ WÄLTRUUM
space
S'LIÄCHTSCHPEKTRUM
light spectrum
S'PRISMA
prism
DÄ PLANET
planet
DÄ SCHTÄRN
star
DÄ POLARSCHTERN
North Star
S'ÖKOSÜSCHTEM
ecosystem
S'GLIICHGWICHT
equilibrium
D'EVOLUZION
evolution
D'NATUR
nature
DÄ MAGNETISMUS
magnetism
DÄ HIMMEL
sky
DÄ BOTANISCH GARTÄ
botanical garden
DÄ ALCHEMISCHT
alchemist
S'MAGNET
magnet
S'GSEZZ
laws
S'EXPERIMENT
experiment
DÄ DAMPF
vapor
D'WÜSSÄSCHAFTLERIN
scientist
RÜÄRÄ
stir
D'ZOOLOGII
zoology
S'GAS
gas
DÄ ASCHTRONOM
astronomer
D'ÖKOLOGII
ecology
D'FORSCHIG
research
D'ASCHTRONOMI
astronomy
D'ENERGII
energy
D'VERBRÄNNIG
combustion
S'TERMOMETER
thermometer
DÄ OFÄ
furnace
DÄ BRÄNNER
burner
S'VOLUMÄ
volume
ZIIT
time
D'TEMPERATUR
temperature
D'BAUSCHTAI (VOM LÄBÄ)
building blocks (of life)
S'GSCHÖPF
creature
D'SCHWÄRCHRAFT
gravity
D'VARIABLÄ
variable
D'FÜSIK
physics
D'WAAG
scale

DÄ BIOLOG
D'BIOLOGIN
biologist
KWANTUM
quantum
DÄ PARTIKEL
particle
D'MINERALIÄ
mineral
D'GSCHWINDIGKAIT
velocity
speed
D'MATERIÄ
matter
S'ATOM
atom
KOSMISCH
cosmic
S'UFOO
UFO
DIÄ DUNKLI MATERIÄ
dark matter
D'RAKETÄ
rocket
EFFIZIÄNT
efficient
D'OPTIK
optics
S'NEZZ
net
D'VERSCHTAINERIG
fossil
S'USSSTÄRBÄ
extinction
D'ELEKTRIZITÄT
electricity
BEOBACHTÄ
observe
D'TATSACH
fact
S'MIKROSKOP
microscope
D'RÄCHNIG
calculation
D'TEORII
theory
DÄ WÜSSÄSCHAFTLER
scientist
D'LÖSIG
solution
S'GEN
gene
D'GENETIK
genetics
D'LINSÄ
lens
S'TELESKOP
telescope
D'GLASS-
WARÄ
glass ware
D'CHEMII
chemistry
S'REAGENZGLAS
test tube
S'MOLEKÜÜL
molecule
D'DATÄ
data
D'GEOLOGII
geology
D'SCHTERNWARTÄ
observatory
D'MECHANIK
mechanics
DÄ SCHTOFF
tissue
S'LABOR
lab
KRITISCH
critical
S'SÜSCHTEM
system
DÄ TRICHTER
funnel
DÄ ORGANISMUS
organism
MÄSSÄ
measure
D'ERDBEBÄKUND
seismology
D'MASSÄ
mass
D'ZALLÄ
cells
D'FAASÄ
phases
S'ERGEBNIS
result
D'EROSION
erosion
S'GWICHT
weight

111

CYCLISM

Sports

DÄ SCHPORT
sport
GLEITSCHIRM FLÜÜGÄ
paraglide
traditional Swiss team sport
HORNUSSÄ
HANDBALL
handball
SCHÜSSÄ
shooting
VELOFAARÄ
cycling
SRF
CYCLING
TSCHUUTÄ
soccer
DÄ ATLET
athlete
33
D'MANNSCHAFT
team
S'TEMPO BHALTÄ
keep pace
SCHWINGÄ
Swiss wrestling
SCHTAI SCHTOSSÄ
stone tossing
CHLÄTTERÄ
climb
ISHOKEI
ice hockey
DÄ GÄGNER
opponent
BASKETBALL
basketball
D'LAISCHTIG
effort
DÄ KONKURRÄNT
competitor
DÄ WETTKAMPF
competition
DÄ SUMMER-SCHPORT
summer sports
D'MEDALLIÄ
medal
DÄ SCHPONSOR
sponsor
SCHIIFARÄ
ski
SCHIISPRINGÄ
ski jumping
ERSCHÖPFT, KAPUTT
exhausted
O-ÄL
orienteering
SCHACH
chess

FREIÄ FALL
free fall
D'NATSI
Swiss national soccer team
BEIS TSCHÖMPÄ
base jumping
RIITÄ
horse riding
FÄNS
fans
HOP
HOP SCHWEIZ
Go Swiss!
JUBLÄ
cheering
TENNIS SCHPILLÄ
play tennis
DÄ SCHLEGÄR
racket
GOLF SCHPILLÄ
play golf
SCHPORTLICH
sporty
D'SCHPILÄRIN
player
WINTERSCHPORT
winter sports
GÖRLING
curling
SCHLIIFÄ
slide
S'ZIIL
target
SCHPILLÄR
player
BERGSCHTIIGÄ
mountaineering
S'NAZIONALTIIM
national team
DÄ BÖLLÄ
ball
D'ATLETIN
athlete
MINIGOLF
mini golf
TISCHTENNIS
table tennis

116

SOCIETY

D'POLITIK
politics
POLITISCHÄ VORSCHTOSS
political proposal
POLITISCH
political
NAZIONAL
national
D'VERSAMMLIG
assembly
JA
S'REFERNDUM
referendum
FÜR
in favor
JA
NEIN
DÄ PATRIOT
patriot
NEIN
NEIN
DÄ NAZIONALRAT
national council
JA
DI POLITISCH PARTAI
political party
D'AINIGUNG
agreement
GWÄLT
elected
GEGÄ
against
D'BRIÄFWAAL
postal vote
D'PARLAMENTARIER
members of parliament
SOZIALDEMOKRATISCH PARTAI = ÄSPE
social democratic party (SP)
CURIA
D'DEBATTÄ
debate
S'PARLAMÄNT
parliament
FRAIHAITLICH DEMOKRATISCH PARTAI = ÄFDEPE
the liberals (FDP)
SCHWIZERISCHI VOLKSPARTAI = ÄSVAUPE
Swiss people's party (SVP)
D'MITTI
the center (party)
D'DISKUSSION
discussion
D'UNTERSCHRIFT
signature
D'MAININGSUMFRAG
opinion poll
D'ZAUBERFORMLÄ
magic formula
NEIN
D'VOLKSABSCHTIMMIG
plebiscite
PLEBISIT
UNTERSCHRIBÄ
sign
D'TAILNAM
participation
D'UMFRAG
poll
D'VOLKSINIZIATIVE
popular initiative
FREIHAITLICH
liberal
VOTE FOR CHANGE!
CHANGE
KONSERVATIV
conservative
NO CHANGE
PROTESCHTIÄRÄ
protest
D'KAMPANJE
campaign
D'BÜRGER
citizens

D'FRAIHAIT
freedom
DIE GRÜANÄ
green party
S'SCHTAATS-
OBERHAUPT
head of state
UNABHÄNGIG
independent
DÄ PRÄSIDENT
D'PRÄSIDENTIN
president
DÄ RAT
council
D'UNSCHTIMMIGKAIT
disagreement
D'OPPOSIZION
opposition
D'LANDSGMAIND
national community
DÄ MINISCHTER
D'MINISTERIN
minister
DÄ BUNDESRAT
federal council
DÄ POLITIKER
D'POLITIKERIN
politician
S'RESCHIM
regime
KANTONAL
cantonal
S'SCHTIMMRÄCHTS-
ALTER
voting age
D'VÄRTRÄTER
representatives
D'NOITRALITÄT
neutrality
DÄ KANTONSRAT
cantonal parliament
D'REGIÄRIG
government
HELVETICAE
DÄ BUND
federation
DÄ SCHTÄNDERAT
council of state
KUMMUNAL
municipal
VOTE 4 ME!
ABSCHTIMMÄ
WÄÄLÄ
vote
DÄ LOBBI-ISCHT
lobbyist
D'MEERHAIT
majority
D'WÄÄLER
voters
D'WAALÄ
elections
CONSTITUTION
D'VERFASSIG
constitution
D'LÜT
people
VOTE CHANGE!
D'DEMOKRATII
democracy
D'BEVÖLKERIG
population
D'GSEZZ
laws
D'WAALBETAILIGUNG
voter turnout

FAMILIÄBANDÄNE
family ties
DÄ ERB
heir
GÄRBT
inherited
DÄ JUNGGSELL
bachelor
UNDERSCHTÜZE
support
SICH TRÄNNÄ
separate
ZRUGG LA
leave behind
D'SCHAIDIG
divorce
D'ELTERÄ
parents
DÄ FRÜND
friend
DÄ FATTER
father
DÄ EHEMA
husband
D'MUÄTTER
mother
DÄ ERSCHTGEBORENI
first born
DÄ NEFFÄ
nephew
DÄ GROSSFATTER
grandpa
D'EHEFRAU
wife
D'NICHTÄ
niece
SICH SCHAIDÄ LA
divorce
ALT WERDÄ
get old
DIÄ GSCHWÜSCHTERTÄ
siblings
DÄ URGROSS-FATTER
great-grandfather
D'NACHFAARÄ
descendants
D'ENKELIN
granddaughter
DÄ ENKEL
grandson
DÄ SCHWIGERFATTER
father-in-law
DÄ EX-MAA
ex-husband
JUNG
young
D'ZWILLING
twins
SICH ÄNLÄ
to look similar
D'CHINDHAIT
childhood
D'BRÜÄDERSCHAFT
brotherhood

DIHAI
home
D'FAMILIÄ
family
D'BRUT
bride
D'EHE
marriage
DÄ BRÜTIGAM
groom
GHÜRATÄ
married
SICH VERLIÄBÄ
fall in love
DIA VERWANDTÄ
relatives
D'TOCHTER
daughter
D'SCHWÖSCHTER
sister
D'TANTÄ
aunt
SICH LIÄBÄ
love each other
DÄ GELIÄBTI
lover
D'BEZIIG
relationship
D'GELIÄBTI
lover
DÄ UNGGLÄ
uncle
DÄ BRÜÄDER
brother
GEBÄRE
give birth
TROI
faithful
DÄ SOON
son
D'GROSSMUÄTTER
grandma
D'SCHWIGERMUÄTTER
mother-in-law
DÄ SCHTIIFFATTER
stepfather
VERLOBT
engaged
DÄ SOIGLING
baby
DÄ SCHTIIFBRÜÄDER
stepbrother
D'SCHTIIFSCHWÖSCHTER
stepsister
ALT
old
UFWAXE
grow up
S'CHLIICHIND
toddler
D'CHIND
children
kids
DÄ GUSÄN
cousin
DÄ WAISÄ
orphan
D'GOUSINÄ
cousin
ADOPTIÄRT
adopted

OIROPÄISCH GRICHTSHOF FÜR MÄNSCHÄRÄCHT
European Court of Human Rights
BLINDI GRÄCHTIGKAIT
blind justice
S'GFÄNGNIS
jail
DÄ AKLAGTI
defendant
S'URTAIL
judgement
DÄ SCHTRAFTÄTER
criminal
UNSCHULDIG
innocent
S'DELIKT
crime
UF BEWÄRIG
on probation
VERHAFTET
arrested
D'RÄCHTSSCHPRÄCHIG
jurisdiction
D'CHISCHTÄ
prison
BESTRAFÄ
punish
SCHTRAFBAAR
punishable by law
DÄ SCHTAATS-AWALT
prosecutor
Ä SCHTRAF ABSIZZÄ
serve a sentence
S'GRICHT-SURTAIL
verdict
D'BESCHTRAFIG
punishment
DÄ BEWIIS
evidence
SCHULDIG
guilty
ÜBERWACHE
supervise
SICH SCHULDIG BEKÄNNE
admit guilt
RÄCHTLICH
legal
D'SCHÜRI
jury
not used in Switzerland
D'PUÄSS
fine
D'GRICHTS-CHOSCHTÄ
legal expenses
D'ZÜÜGIN
witness

D'GRÄCHTIGKAIT
justice
DÄ PROZESS
trial
DÄ GRICHTSSAAL
courtroom
S'GRICHT
court
S'BUNDESGRICHT
Federal Supreme Court
SCHWIIZER RÄCHT
Swiss law
S'BEZIRKSGRICHT
district court
DÄ VORWURF
allegation
D'RICHTERIN
DÄ RICHTER
judge
DÄ WIDERSCHPRUCH
objection
D'VERTAIDIGUNG
defence
GMAINNÜZZIGI ARBET
community service
BEZÜGÄ
testify
GLAUBWÜRDIG
credible
D'ZÜÜGAUSSAG
testimony
ÄS URTAIL VERKÜNDÄ
pronounce a sentence
D'GSEZZ
law
S'OPFER
victim
DÄ AAWALT
D'AAWÄLTIN
lawyer
D'VERFASSIG
constitution
DÄ GRICHTSREPORTER
court reporter
AKTÄKUNDIG
on the record
D'GRICHTSZÄICHNERIN
courtroom artist
MINDERJÄRIG
underage
DÄ ZÜÜGE
witness
D'SCHLICHTIG
mediation

ÄN SCHNEEMAA BAUÄ
make a snowman
DÄ RAISÄNDI
DIÄ RAISENDI
DÄ WÄLTÄBUMMLER
traveler
S'ABENTÜÜR
adventure
UMWELTFRÜND
environmentalist
JAGÄ
hunting
MUSIG LOSÄ
listening to music
DÄ BOTANISCH GARTÄ
botanical garden
BAUÄ
building
(UF BOIM) CHLÄTTERÄ
climbing trees
PUURÄ
farming
DÄ NATUR-FORSCHER
naturalist
VÖGÄL BEOBACHTÄ
bird watching
TSCHILLÄ
chilling
DÄ FORSCHER
explorer
TURIS
tourists
FULENZÄ
relax
PFUSÄ
napping
TROIMÄ
dreaming
FRÜNTLICH
friendly
D'FAMILIÄFIIR
family gathering
(IM INTERNET) UMÄSÖRFÄ/SUÄCHÄ
browsing (internet)
LÄSÄ
reading
SPÖRTLÄ
doing sport
SAMMLÄ
collecting
DÄ BUÄCHERWURM
book lover
PUZZÄ
clean
SIZZÄ
sitting
D'BANK
bench
S'HOBBI
hobby
KÄFÄLÄ
drink coffee
DÄ PARK
park
TÖPFERÄ
pottery

RAISÄ
travel
FRISBII SCHPILÄ
playing frisbee
MUSIG MACHÄ
make music
SCHPÖRTLÄ
exercise
SINGÄ
sing
MEDITIÄRÄ
meditation
IN ZOO GA
visit the zoo
DRACHÄ SCHTIGÄ LA
kite flying
D'USSÄ
outdoors
KÄMPÄ
go camping
WANDERÄ
hiking
(SCHTATT) ALUÄGÄ
sightseeing
DÄ SCHPASS
fun
FISCHÄ
fishing
SÄGLÄ
sailing
FOTO-GRAFIÄRÄ
taking photos
GÄRTNERÄ
gardening
KONTAKTIERÄ
contact
SOZIAL
social
PLAUDERÄ
chat
PFLANZÄ
plant
JASSÄ
Swiss card game
D'WÄG
paths
BACHÄ
bake
CHARTÄ SPILLÄ
playing cards
PIKKNIKKÄ / BRÖTLÄ
picnic barbecue
WII TRINKÄ
drinking wine
GEIMÄ
video gaming
MIT ÄM HUND GO LAUFÄ
walking the dog
ZIITLOS
timeless
UFPASSÄ/ SICH KÜMMERÄ
taking care
MÖLÄLÄ
scribbling
SCHRIBÄ
writing
DÄ SCHLUSS
the end
D'"IGEBIG
inspiration
CHRUZ-WORTRÄZÄL
crossword puzzle

DICTIONARY
English–Swiss German

English–Swiss German

100 francs Lappä (colloquial)
1000 francs Tonnä (colloquial)
5 francs Schnägg (colloquial)
5 rappen coin Föiferli (n)

A

a million francs Chischtä (colloquial)
abdomen Buuch (m)
abstract abschrakt
academic akademisch
accident Umfall (m)
accommodation Underkunft (f)
accompany a patient än Paziänt beglaitä
account Konto (n)
account balance Kontoschtand (m)
accountant Buächhaltär (m), Buächhalterin (f)
accounting Buächhaltig (f)
acorn Aichlä (f)
act schpilä (v)
active aktiv
actor Schauschpilär (m)
actress Schauschpilärin (f)
ad Wärbig (f)
add zuäfüägä (v)
adjustable spanner Ängländär (m)
admiration Bewunderig (f)
admitted (to be) zuägla (v)
adopted adoptiärt
advanced technical college Fachhochschuäl (f)
adventure Abentüür (n)
adventurous abentürlich
aerial surveillance Luftüberwachig (f)
aeroengine Triibwerk (n)
affection Zuänaigig (f)
afraid Angscht ha
afterwork Afterwörk
afternoon Namittag (m)
against gegä
agglomeration Agglo (f)
aggressive aggressif
agony Qual (f)
agreement Ainigung (f), Vertrag (m)
agriculture Landwirtschaft (f)
aid Hilf (f)
airbag Ärbäg (m)
air freight Luftfracht (f)
air pressure Luftdrukk (m)
air receiver Lufttank (m), Suurschtoff-Fläschä (f)
air transport Flugverker (m)
airplane Fluugzüg (n)
airport Flughafä (m)
alarm Alarm (m)
alarmed alarmirt
alchemist Alchemischt (m)
alcohol Alk (m), Alkohol (m)
alcoholic alkoholisch
all-terrain vehicle Quad (m)
allegation Vorwurf (m)
allergic allergisch
allotment Schrebergartä (m)
alphorn Alphorn (n)
alps Alpä (pl)
alternative lifestyle alternativä Läbesschtil
ambulance Ambulanz (f), Chrankäwagä (m)
amphibian Amfibiä (f)
amused amüsiert
amusement park Vergnüegigspark (m)
anesthetize betoibä (v)
angry hässig
animal Tiär (n)
animal rights activist Tiärschüzzär (m), Tiärschüzzärin (f)
animal shelter Tierhaim (n)
ankle Chnöchäl (m)
announce asägä (v)
announcement Akündigung (f), Usasg (f)
annoyed gnärvt
ant Amaisä (f)
antenna Antännä (f)
antennae Füüler (pl)
anthill Amaisähuufä (m)
antibacterial antibakteriell
anti-stress antischtress
antiviral antiviral
antlers Gwei (n)
ape Mänschä-Aff (m)
aperitif Apero (m)
appenzeller cow Appäzällerchuä (f)
appetite Appetit (m)
apple Öpfäl (m)
apple juice and sparkling water drink Öpfälschorlä (f)
apple pie Öpfälchuächä (m)
apple tree Öpfälbaum (m)
apprentice Schtift (m), Schtiftin (f)
apprenticeship Leer (f)
April April (m)
apron Chuchischoss (f)
aquatic akuatisch
archipelago Inselgruppä (f)
architect Architekt (m), Architektin (f)
architecture Architektur (f)
archive archiviärä (v)
argue schtriitä (v)
arid trochä
aridity Dürri (f)
arm Arm (m)
armed bewaffnet
armpit Achselhööli (f)
aroma Aroma (n)
arrest verhaftä (v)
arrested verhaftet
arrive late zschpat cho
art Kunscht (f)
art collection Kunschtsammlig (f)
art festival Kunschtfestival (n)
art gallery Kunschtgallerii (f)
artichoke Artischokkä (f)
artist Künschtlär (m), Künschtlärin (f)
artistic Künschtlärisch
ashes Äschä (f)
Asian asiatisch
ask frögä (v)
asparagus Schparglä (pl)
assailant Agriffär (m)
assembly Versammlig (f)
assistant Assischtänt (m), Assischtäntin (f)
astronomer Aschtronom (m), Aschtronomin (f)
astronomy Aschtronomii (f)
at the bar a dä Bar
athlete Atlet (m), Atletin (f)
ATM Gäldautomat (m)
atmosphere Atmosfärä (f)
atom Atom (n)
attack aagrifä (v)
attendee Tailnämär (m), Tailnämärin (f)
attentive ufmerksam
attic Eschtrich (m)
attractive attraktiv
audience Publikum (n)
August Auguscht (m)
aunt Tantä (f)
autumn Härbscht (m)
avalanche Lawinä (f)
awning Sunnäschtorä (m)
axe Axt (f)

B

baby Soigling (m)
bachelor Junggsell (m)
back hinä, Ruggä (m)
back problems Ruggäwee (n)
backpack Rukksakk (m)
bacteria Bakteriä (pl)

bad humor	schlächtä Humor
bad reviews	schlächti Kritik
bad weather	Huddelwättär (n)
badge	Bädsch (m)
bag	Täschä (f)
baggage	Gepäkk (n)
bake	bachä (v)
baker	Bekk (m), Bekkärin (f)
balance	Waag (f)
balcony	Balkon (m)
bald	glazzchöpfig
ball	Böllä (m)
balloon	Baloon (m)
bamboo	Bambus (m)
banana tree	Bananäbaum (m)
bananas	Bananä (pl)
Band-Aid	Pflaschtär (n)
bandage	Verband (m)
bank	Bank (f)
bank manager	Bänkär (m)
bank robbery	Banküberfall (m)
bank statement	Bankuuszug (m)
banker	Bankagschtellti (f), Bank-agschtellti (m)
banknote	Nötli (n)
bannister	Gländer (n)
bar	Bar (f)
barber	Guafför (m), Guafföss (f)
barcode	Barkod (m)
bark	bällä (v), Rindä (f)
barman	Barkiiper (m)
bartender	Barfrau (f), Barmaa (m)
baseball cap	Käpi (n), Tschäpper (m)
base jumping	Beis tschömpä
Basel carnival	Basler Fasnacht
basketball	Basketball
bat	Flädermuus (f)
bathroom	Bad (n)
bathroom trash can	Tualettächübäl (m)
battery	Batteri (f)
bay	Bucht (f)
beach	Schtrand (m)
beak	Schnabäl (m)
beans	Boonä (pl)
bear	Bär (m)
bear market	Bäss (f)
beautiful	schön
bed	Bett (n)
bed control	Bettschtürig (f)
bedpan	Bettpfannä (f)
bed rest	Bettruä (f)
bed table	Nachttisch (m)
bedroom	Schlafzimmär (n)
bee	Biändli (n)

beech	Buächä (f)
beef	Rindflaisch (n)
beer	Biär (n)
beer dispenser	Birzapfsülä (f)
beetle	Chäfär (m)
beg	bättlä (v)
belly	Buuch (m)
belly button	Buchnabäl (m)
belt	Gürtäl (m)
bench	Bank (f)
beneficial insect	Nüzzling (m)
Bern	Bern
berry	Beeri (n)
bib	Lazz (m)
bicycle	Welo (n)
bicycle area	Weloberaich (m)
bicycle police	Polizei uf em Welo
bicycle station	Weloschtazion (f)
big screen (cinema)	Grossliinwand (f)
bike	Welo (n)
bike trailer	WeloAhängär (m)
bikini	Bikini (n)
bill	Rächnig (f)
biodiversity	Biodiversität (f), biologischi Viilfalt (f)
biologist	Biolog (m), Biologin (f)
bird	Vogäl (m)
bird watching	Vögäl beobachtä
birth	Geburt (f)
birth control pill	Pillä (f)
bitter	bitter
black	schwarz
black hole	schwarzes Loch
blackboard	Wandtaflä (f)
bland diet	Schon-Choscht (f)
bleat (sheep)	blökä (v)
bleed	blüätä (v)
blender	Mixer (m)
blind person's guide	Blindefüärär (m)
blink	blinzlä (v)
blinker	Blinkär (m)
blood	Bluät (n)
blood infusion	Bluetinfusion (f)
blood pressure mon-itor	Bluetdrukkmässär (m)
blood test	Bluätteschct (m)
blossom	Blüätä (f)
blow	blasä (v)
blowhole	Luftloch (n)
blue	blau
board	Brätt (n), iischtigä (v)
boat	Boot (n)
bobsledding track	Bobbaan (f)
body	Körpär (m)
boil	zum Chochä bringä (v)
boiled egg	äs kochts Ai
boiler	Boilär (m)
bolt	Schrubbolzä (m)
bonds	Obligazion (f)
book	Buäch (n)
book lover	Buächerwurm (m)
books	Büächär (pl)
boots	Schtifel (pl)
border	Gränzä (f)
borders	Gränzä (pl)
bored	glangwilt
boring	langwilig
borrow	uuslenä (v)
boss	Scheff (m), Scheffin (f)
botanical garden	botanisch Gartä (m)
botany	Botanik (f)
bottle opener	Fläschäöffner (m()
bottom	Füdli (n)
bowl	Schale (f), Schüsslä (f)
bow tie	Flügä (f)
box	Schachtlä (f)
box cutter	Teppichmässer (n)
bra	Beha (m)
bracelet	Armband (n)
branch	Zwiig (m)
bread	Brot (n)
bread basket	Brotchorb (m)
break	Pausä (f)
break into	iibrächä (v)
break out of prison	us äm Gfängnis usbrächä
breakfast	Zmorgä (n)
breaks	Brämsä (pl)
breast	Busä (m)
breed	sich fortpflanzä (v)
brew	brauä (v)
bricklayer	Muurär (m), Muurärin (f)
bride	Brut (f)
bridge	Brugg (f)
broadcast	usschtraalä (v)
broke	plaite
broken	brochä, kaputt, hii
broom	Bäsä (m)
brother	Brüädär (m)
brotherhood	Brüädärschaft (f)
brown	bruun
browse (internet)	suächä (v), umäsörfä (v) (im Internet)
bruise	Bloiälä (m)
brush	Bürschtä (f), Pinsel (m)
bubbles	Luftblöterli (pl)
bucket	Chübel (m)
bud	Chnoschpä (f)
budget	Büdsche (n)
buffet car	Schpiiswagä (m)
build	bauä (v)
bull market	Ooss (f)
bulletin board	Schwarzi Brätt
bumper	Schtossschtangä (f)
bunker	Bunkär (m)
burger	Börgär (m)
burglar	Diäb (m), Diäbin (f)
burn	brännä (v)
burner	Bränner (m)
burner (for fondue)	Fondü-Röscho (n)
burnout	Börnaut (n)
burnt	verbrännt
bus	Buss (m)
bus driver	Bus-schofför (m), Bus-schofföss (f)
bus station	Busschtazion (f)
bus stop	Bushalteschtell (f), Busschtazion (f)
bush	Busch (m)
business	Gschäft (n)
butcher	Mezzgär (m), Mezzgärin (f)
butterfly	Summärvogel (m)
buy	chauffä (v), iichauffä (v)
buyer	Choiffer (m)
buzz (bee)	summä (v)

C

cabinet	Gschtell (n), Schaft (m)
cable	Kabäl (n)
cable car	Sailbaan (f)
cables	Kabäl (pl)
cactus	Kaktus (m)
cafeteria	Kantinä (f)
cake	Chuächä (m)
calculated	kalkuliert
calculation	Rächnig (f)
calculator	Rächnär (m)

calendar	Kalendär (m)
call	telefoniärä (v)
call button	Ruäfchnopf (m)
call emergency	Notfall rüäfä
call for help	Hilferuäf (m)
calm	ruhig
camera	Kamera (f)
camouflage	tarnä (v)
campaign	Kampanje (f)
camper	Woonmobil (n)
camper van	Woonmobil (n)
can	Büx (f)
candle	Cherzä (f)
cannula	Kanüülä (f)
canola	Raps (m)
cantonal	kantonal
cantonal parliament	Kantonsrat (m)
canvas	Liindwand (f)
canyon	Schlucht (f)
cape	Keip (n)
capital	Hauptschtatt (f), Kapital (n), Vermögä (n)
capsule	Chapslä (f)
capsules	Chapslä (pl)
captain	Kapitän (m), Kapitänin (f)
car	Auto (n), Charrä (m) (colloquial)
car accident	Auto-Umfall (m)
car door	Autotüür (f)
car fumes	Abgasä (pl)
car key	Autoschlüssäl (m)
car lift	Autolift (m)
car repair shop	Garasch (m)
car shuttle train	Autoverlad (m)
car tire	Autoraifä (m)
car wash	Autowösch (f)
caravan	Woonwagä (m)
cardboard box	Kartonchischtä (f)
cardiogram	Eh-Ka-Ge (n)
care	betroiä (v), pflegä (v), sich kümmerä (v)
careless	unvorsichtig
cargo	Fracht (f)
cargo ship	Frachtschiff (n)
carnivore	Flaischfrässer (m)
carpenter	Schriiner (m), Schriinerin (f)
carpet	Teppich (m)
carriage	Kutschä (f), Wagä (m)
carrot	Rüäbli (n)
carrot cake	Rüäblichuächä (m)
cartoonist	Karikaturischt (m)
carve (sculpture)	schnizzä (v)
cash	bar, Bargäld (n)
cashier	Bankschalterbeamti (f/m)
cat	Chazz (f)
catch	fangä
catching the tram	Tram verwütschä
caterpillar	Raupä (f)
cathedral	Katedrale (f)
catheter	Katetär (m)
caucasian	wiss
caulking gun	Fuägäfüllpischtolä (f)
cave	Hööli (f)
cayenne pepper	Cayennepfäffer (m)
celebration	Fiir (f)
cell	Zellä (f)
cell phone	Händi (n), Natel (n)
cellar	Chällär (m)
cellophane	Zellofaan (n)
cells	Zällä (pl)
cement	Zemänt (m)
censor	zensuriärä (v)
censorship	Zensur (f)
centipede	Tuusigfüässler (m)
Central Bank	Zentralbank (f)
center	Zentrum (n)
cereal	Flökkli (pl)
chain saw	Chettäsagi (f)
chair	Schtuäl (m)
champagne	Schampanjer (m)
champagne glasses	Schampanjerglass (n)
change engine oil	Motoröl wächslä
changing table	Wikkeltisch (m)
channel	Kanal (m)
chaos	Chaos (f)
charger	Ladegrät (n)
charging station (electric cars)	Schtroomtankschtell (f)
charity	Wooltätigkait (f)
charmed	entzückt
chat	plaudärä (v), schwäzzä (v)
chat (by text/online)	tschättä (v)
chauvinist	Schovinischt (m)
check	untersuächä (v), kontrolliärä (v)
check-up	Undersuechig (f)
cheek	Baggä (f)
cheer	jublä (v)
cheerful	fröölich
cheers!	Pröschtli!, Prost!, Viva!, Xundhait!
cheese	Chäs (m)
cheese fondue	Chääsfondü (n), Fondü (n)
chef	Choch (m), Chöchin (f)
chemistry	Chemii (f)
chess	Schach
chest	Bruscht (f)
chicken	Huän (n), Pule (n)
chicken soup	Hüänärsuppä (f)

chicks	Bibeli (pl)
child car seat	Chindärsizz (m)
childhood	Chindhait (f)
childish	chindisch
children	Chind (pl)
chili peppers	Tschilischootä (pl)
chillout	tschillä (v)
chimney	Chämmi (n)
chin	Chinni (n)
chips	Pomm Tschipps (pl)
chirp	zirpä (v)
chisel	mäisslä (v), Schtächbütel (m)
chocolate	Schoggi (f)
chop	hakkä (v), schniidä (v)
chopping board	Chuchibrätt (n)
Christmas tree	Chrischtbaum (m)
cinema	Kino (n)
circus	Zirkus (m)
citizens	Bürgär (pl)
city	Schtatt (f)
clam	Muschlä (f)
clamp	Schrubzwingä (f)
classic cars	Oldtaimer (m)
classical music	klassisch Musig
claws	Chlauä (pl)
clean	puzzä (v), suber, wüschä (v)
clean dishes	subers Gschirr
clean the toilet	Weze puzzä
cleaner	Puuzzmaa (m), Puzzfrau (f)
cleaner fish	Puzzerfisch (m)
client	Chund (m), Chundin (f)
cliff	Klippä (n)
climate	Klima (n)
climate activist	Klimaschüzzär (m)
climate change	Klimawandel (m)
climb	chlätterä (v)
climb trees	chlätterä (v) (uf Boim)
clinic	Klinik (f)
close	zuämachä (v)
closet	Chaschtä (m)
clothes	Chlaidär (pl)
clouds	Wulchä (f)
cloudy	bewölkt
clover	Chlee (m)
clown	Gloon (m), Gloonin (f)
cluck (hen)	gaggerä (v)
clutch	Kupplig (m)
coast	Küschtä (f)
coat	Mantäl (m)
coat stand	Chlaidärschtänder (m)
cockroach	Kakerlake (f)
cocktail	Cokteil (m)
coconut	Kokosnuss (f)
cocoon	Goggon (m)
coffee	Kafi (m)
coffee break	Kafipausä (f)
coffee break at 4pm	Zvieri (n)
coffee break at 9am	Znüni (n)
coffee corner	Kafieggä (m)
coffee machine	Kafimaschinä (f)
coffee to-go	Kafi zum mitnää
coffee trolley	Kafiwägeli (n)
coffee with milk	Schalä (f)
coffee with schnapps	Kafi fertig (m)
coffee with schnapps and cream	Schümlipflümli (m)
coin	Münzä (f)
coke	Goggi (n)
colander	Chuchisiib (n)
cold	chalt
collapse	kollabiärä (v), zämäbrächä (v)
collar	Chragä (m)
colleague	Arbetskolleg (m), Arbetskollegin (f)
collect	sammlä (v)
colony	Kolonii (f)
color	Farb (f)
color pallet	Farbpalettä (f)
colorful	farbig
colorful bird	farbigi Vogäl (m)
combine	kombiniärä (v)
combustion	Verbrännig (f)

comedian	Komiker (m), Komikerin (f)
comedy	Komödiä (f)
comet	Komet (m)
comical	wizzig
commercial	gschäftlich
commode	Kommodä (f)
communicate	kommuniziärä (v)
community service	gmainnüzzigi Arbet
commuter	Pändler (m)
company	Gsellschaft (f)
company party	Firmäfäscht (n), Firmäparti (f)
compass	Kompass (m)
competition	Wettbewerb (m), Wettkampf (m)
competitor	Konkurrent (m)
complicated	kompliziärt
compost	Komposcht (m)
computer	Kompi (m)
concerned	betroffä, beunruigt
concert hall	Konzerthallä (f)
concussion	Hirnerschütterig (f)
condiment	Gwüärz (n)
conductor	Konduktör (m), Konduktös (f)
conductor (train)	Kondüktör (m)
conference call	Telefonkonfäränz (f)
conference room	Konferänz-Zimmär (n)
confess	sich schuldig bekännä
confident	zueversichtlich
conflict	Konflikt (m), Schtriit (m)
connect	verbindä (v)
connect (a cable)	ischtekkä (v)
connected	verbundä
connection	Verbindig (f)
conservative	konservativ
constellation	Schtärnbild (n)
constipated (to be)	verstopft si
constitution	Verfassig (f)
construction worker	Bauarbeitär (m), Bauarbeitärin (f)
consumer	Konsumänt (m), Konsumäntin (f)
contact	kontaktierä (v)
contagious	aaschtekkänd
container	Konteinär (m)
containers (for food)	Döpperwer (n)
continent	Kontinent (m)
conversation	Underhaltig (f)
convertible	Cabrio (n), Gabriole (n)
convict	verurtailä (v)
coo (pigeon)	gurrä (v)
cook	chochä (v)
cookie	Guäzli (n)
cookbook	Chochbuäch (n)
cool down	abchüälä (v)
coordinates	Koordinatä (pl)
coral	Korallä (f)
corkscrew	Zapfezier (m)
corn	Mais (m)
corolla	Bluämächroonä (f)
coronavirus	Koronawirus (n)
corpse	Läichä (f)
cosmic	kosmisch
cost	choschtä (v)
costs	Choschtä (pl)
costume	Dö Piäs (n)
cotton	Baumwullä (f)
cough	huäschtä (v)
council	Rat (m)
council of state	Schtänderat (m)
counsel	beratä (v)
country	Land (n)
courier	Kurir (m)
court	Gricht (n)
court reporter	Grichtsreporter (m)
courtroom	Grichtssaal (m)
courtroom artist	Grichtszäichnär (m), Grichtszäichnärin (f)
cousin	Gousinä (f), Gusän (m)
cow	Chuä (f)

coworkers	Kollegä/Kolleginnä (pl)
cozy	haimelig
crab	Chrabbä (f)
crate	Harrass (m)
crawl	chrabblä (v)
crazy	verukkt
crazy weather	verukkts Wättär
cream	Greem (f)
create	erschaffä (v)
creative	kreativ
creativity	Kreativität (f)
creature	Gschöpf (n)
credible	glaubwürdig
credit	Kredit (m)
credit card	Kreditcharä (f)
creditor	Gloibigär (m)
creep	chrüchä (v)
cricket	Grillä (f)
crime	Delikt (n)
crime scene	Tatort (m)
criminal	kriminell, Schtraftätär (m), Schtraftätärin (f)
crispy	chnuschprig
critic	Kritik (f)
critical	kritisch
criticize	kritisiärä
croak (frog)	kwaakä (v)
crocodile	Krokodil (n)
croissant	Gipfäli (n)
crops	Saat (f)
cross	verärgärät
cross-country skiing	langloiflä (v)
crossword puzzle	Chrüzworträzäl (n)
crow	chräjä (v)
crowbar	Gaissfuäss (m)
cruel	grausam
crutch	Krükkä (f)
cry	brüälä (v)
cub	Junge (n)
cucumber	Gurkä (f)
culture	Kultur (f)
cup	Tassä (f), Tässli (n)
cupboard	Gschirrschrank (m)
curious	noigiirig
curious spirit	än noigirigä Gaischt
curling	Görling
currency	Wäärig (f)
curtains	Vorhäng (pl)
curve	Kurvä (pl)
cut	schniidä (v)
cutlery	Bschtekk (n)
cyber	Saibär
cyber attack	Saibäragriff (m)
cycle	Welo faarä
cycle path	Welowäg (m)
cyclist	Welofaarär (m)
cypress	Zipressä (f)

D

dairy products	Milchprodukt (pl)
daisy	Margrittli (n)
dam	Damm (m)
dance	tanzä (v)
dandelion	Chrottäpöschä (pl)
danger	Gfaar (f)
dangerous	gföörlich
dark	dunkäl
dark matter	Dunkli Materiä (f)
dark-skinned	dunkelhütig
data	Datä (pl)
date	Datum (n)
daughter	Tochtär (f)
day	Tag (m)
daycare center	Hort (m)
dead	tot
dead tree	Totholz (n)
death	Tod (m)
debate	Debattä (f)
debit card	Eezee-Chartä (f)
disembark	usschtigä (v)
debris	d'Trümmer (pl)
debt	Schuldä (pl)
December	Dezämbär (m)
decide	entschaidä (v)
declaration	Erchlärig (f), Mäldig (f)
declutter	uusmischtä (v)
decoration	Deko (f), Verziärig (f)
decrease	abnä (v)
deep	tüüf
deep freezer	Tüüfchüäler (m)
deep fry	fritiärä (v)
deer	Hirsch (m)
defeated	gschlagä
defend oneself	sich vertaidigä (v)
defendant	Aklagti (f/m)
defense	Vertaidigung (f)
defibrillator	Defibrillator (m)
deforest	abholzä (v)
degree	Abschluss (m)
deliver	lifärä (v)
delivery	Liifärig (f)
delivery person	Liferant (m), Liferantin (f)
delta	Delta (f)
demand	Nachfrag (f)
democracy	Demokratii (f)
demonstration	Demo (f)
denounce	aaschwärzä (v)
dentist	Zaanarzt (m), Zaanärztin (f)
deposit	Azalig (f), Hinterlegig (f), ii-zalä (v)
depressed	depressiv, deprimiert
descendants	Nachfaarä (pl)

desert	Wüeschti (m)
dessert	Desser (m)
design	entwerfä (v)
desk	Pult (n)
desolated	verödet
despair	verzwiiflä (v)
desperate	verzwiiflet
dessert wine	Deseerwii (m)
destroy documents	Dokument zerschtörä
destruction	Zerschtörig (f)
detective	Dedektiv (m), Detektivin (f)
detour	Umfaarig (f), Umwäg (m)
diagnosis	Diagnose (f)
dial 118	118 wälä
diaper	Windlä (f)
diarrhea	Durchfall (m)
dice	i Würfel schniidä
die	schtärbä (v)
die off	abschtärbä
diesel	Disel (m)
diet	Diät (f)
dig	grabä (v)
digestive drink	Dischestiv (m)
digital	digital
digital nomad	digitalä Nomad
diligent	flissig
dinghy	Schluuchboot (n)
dinner	Znacht (n)
diploma	Diplom (n)
direct democracy	direkti Demokratii
director	Diräktär (m), Direktorin (f)
dirty	dräkkig
dirty dishes	dräkkigs Gschirr
disagreement	Unschtimmigkait (f)
disappointed	enttüscht
discharge	entladä (v)
discount	Rabbat (m)
discuss	diskutiärä (v)
discussion	Diskussion (f)
disgust	Abschoi (m), Ekel (m)
dishes	Gschirr (n)
dishwasher	Gschirrschpüäler (m)
dishwasher detergent	Gschirrwöschmittel (n)
dishwasher	Abwäschmaschinä (f)
disinfect	desinfiziärä (v)
disk saw	Kreissagi (f)
dissolve	uflösä (v)
distraction	Ablänkig (f)
distribute	vertailä (v)
district court	Bezirksgricht (m)
diver	Tauchär (m)
diversity	Villfalt (f)
division	Abtailig (f)
divorce	Schaidig (f), sich schaidä la
DIY	Haimwärker (m)
do laundry	Wösch machä
do time	sizzä (v) (im Gfängnis)
dockside crane	Hafechraan (m)
doctor	Arzt (m), Ärztin (f)
documents	Dokumänt (pl)
dog	Hund (m)
dolphin	Delfin (m)
donate	schpändä (v)
donate blood	Bluät schpändä
donkey	Esel (m)
donor	Schpender (m), Schpenderin (f)
Doodle scheduling	Duudel (m)
door	Türä (f)
doorbell	Türgloggä (f)
dorsal fin	Ruggäflossä (f)
dose	Dosis (f)
doubtful	zwiifelhaft
dove	Tubä (f)
draft	entwörfä
dragon	Drachä (m)
dragonfly	Libellä (f)
drain	abtropfä (v)
drainage	Ablauf (m)
drama	Drama (n)
dramatic	dramatisch
draw	zaichnä (v)
dream	troimä (v)
dress	Chlaid (n)
dressed	azogä
dressing gown	Morgärokk (m)
dressing	Verbandstraifä (m)
dressing table	Schminktisch (m)
drill	Boormaschinä (f), borä (v)
drill bit	Borer (m)
drink	trinkä (v)
drink carton	Tetrapakk (n)
drink coffee	käfälä (v)
drink wine	Wii trinkä
drinks	Apero (m)
drive	Auto faarä, faarä (v)
drive (too) fast	raasä (v)
driver	Faarär (m), Faarärin (f), Schofför (m), Schoffös (f)
driver's license	Faaruswiis (m)
driving test	Faarprüäfig (f)
drop	Tropfä (m), tropfä (v)
drown	vertrinkä (v)
drug crime	Drogädelikt (n)
drugs	Medis (pl)
drummer	Schlagzügär (m)
dry out	uströchnä
duck	Äntä (f)
dump	Mülldeponii (f)
dune	Dünä (f)
dustpan and brush	Schüfeli und Bäseli
duty	Zoll (m)
duty doctor	Beraitschaftsarzt (m)

E

eagle	Adlär (m)
ear	Oor (n)
early	früä
earn	verdiänä (v)
earrings	Oorering (f)
ears	Oorä (pl)
earth	Ärdä (f)
east	Oschtä (m)
eat	ässä (v)
eat breakfast	zmörgälä (v)
eating (as animals)	frässä (v)
ebb	Ebbe (f)
e-car	elektrischs Auto
ecology	Ökologii (f)
economy	Wirtschaft (f)
ecosystem	Ökosüschtem (m)
edelweiss	Edelwis (n)
educated	gebildet
education	Bildig
eel	Aal (m)
efficient	effiziänt
effort	Laischtig (f)
egg	Ai (n)

elbow	Elläbogä (m)
elected	gwält
elections	Waalä (pl)
electric bike	Iibaik (n)
electric cable	elektrischs Kabäl
electric car	Elektroauto (n)
electric charging station	Elektroladeschtazion (f)
electric fuses	Sicherigä (pl)
electric jig saw	elektrisch Stichsagi (f)
electrical extensions	elektrischs Verlängerigskabäl
electrician	Elektrikär (m), Elektrikärin (f)
electricity	Elektrizität (f), Schtroom (m)
electrocuted	dur en Stroomschlag tötä
elephant	Elefant (m)
elevator	Lift (m)
email	Ii-meil (n)
embarrassing	piinlich
embassy	Botschaft (f)
emergency	Notfall (f)
emergency exit	Notusgang (m)
emergency number	Notruef-Nummerä (f)
emotion	Gfüül (n)
empathize	mitfülä (v)
employed	agschtellt
employed (to be)	agschtellt sii
employee	Agschtellti (f), Agschtellti (m)
employer	Arbetgäbär (m)
employment	Beschäftigung(f)
empty	leer
empty train	lääri Zug
end	Schluss (m)
end of the workday	Firabig (m)
endangered species	bedrooti Art (f)
energy	Energii (f)
energy drink	Enerdschi-Drink (m)
energy efficient	energiieffizient
engaged	verlobt
engine	Motor (m)
engineer	Äschiniör (m), Äschiniörin (f)
enjoy	gnüüssä
entertain	unterhaltä
entertainment	Unterhaltig (f)
enthusiastic	begaischteret
entomologist	Insektäforschär (m), Insektäforschärin (f)
entrepreneur	Undernämmär (m), Undernämmärin (f)
envelope	Guvär (n)
envious	nidisch
environmentalist	Umweltfründ (m)
environmentally friendly	umwältfründlich

envy	Niid (m)
equilibrium	Gliichgwicht (n)
equipment	Usrüschtig (f)
eraser	Gummi (m)
erosion	Erosion (f)
escape	flüchtä (v)
espresso	Espresso (m)
euphoria	Oifori (f)
European Court of Human Rights	Oiropäisch Grichtshof für Mänschärächt
evaluate	beurtailä, bewertä
evening	Abig (m)
evidence	Bewiis (m)
evolution	Evoluzion (f)
ex-husband	Ex-Maa (m)
examine	untersuächä (v)
exchange currency	Tuschwärig (f)
exchange rate	Wächsälkurs (m)
excited	ufreggt
excitement	Ufregig (f)
exercise	schpörtlä (v)
exhaust	Uspuff (m)
exhausted	erschöpft, kaputt
exhibition	Usschtellig (f)
exit	usega (v)
expenses	Schpesä (pl)
experiment	Experiment (n)
expert	Expert (m)
explorer	Entdekkär (m), Forscher (m)
explosive	explosiv
export	exportiärä (v)
exposed (be)	nakkt si/entblösst si
express	sich üsserä
expression	Usdrukk (m)
extension cord	Verlängerigskabäl (n)
extension board	Schtecklischtä (f)
extinction	Usstärbä (n)
extinguish	Füür löschä, löschä (v)
extinguisher	Füürlöscher (m)
extractor (in the kitchen)	Abzug (m)
eye contac	Augäkontakt (m)
eye drops	Augetropfä (pl)
eye protection	Schuzzbrülä (f)
eyes	Augä (pl)

F

face mask	Gsichtsmaskä (f)
fact	Tatsach (f)
factory	Fabrik (f)
failed	nöd beschtandä
failure	Misserfolg (m)
faint	in Oonmacht fallä, oonmächtig wärdä
fair trade	färä Handel
faithful	troi
fall ill	chrank wärdä
fall in love	sich verliäbä (v)
family	Familiä (f)
family gathering	Familiäfiir (f)
family ties	Familiäbandäne (pl)
family train car	Familiäwagä (m)
fangs (snake teeth)	Giftzaa (m)
fans	Fäns (pl)
farm	Puurähoof (m), puurä (v)
farmer	Puur (m), Püürin (f)
fast	schnäll
father	Fattär (m)
father-in-law	Schwigerfattär (m)
fauna	Fauna (f)
fear	Angscht (f)
feathers	Fäderä (pl)
February	Februar (m)
federal	Bund-
Federal building	Bundeshuus (n)
federal councillor	Bundesrat (m), Bundesrätin (f)
federal court	Bundesgricht (n)
eat	Frässä (n)
feed the dog	Hund füätterä
feed the pigeons	Tuubä füätterä
feel	fülä (v)
feeling	Gfüühl (n)
feet	Füäss (pl)
female	Wiibli (n)
feminism	Feminismus (m)
fence	Hag (m)
fern	Farn (m)
ferry	Fääri (f)
fertilizer	Düngär (m)
fever	Fiäbär (n)
field	Fäld (n)
fight	kämpfä (v), Schtriit (m), schtritä (v)
figure	Figur (f)
file	Aktä (f)
file (a document)	äs Dokument ablegä
filing cabinet	Aktäschrank (m)
filling up	uffüllä (v)
film	filmä (v)
finance	finanziärä (v)
finances	Finanzä (pl)
financial market	Finanzmärt (m)
find	findä (v)
fine	Puäss (f)
fingerprint	Fingärabdrukk (m)
fingers	Fingär (m)
complete an ap-pren-ticeship	Leer abschlüssä
finish work (at the end of the day)	in Firabig ga
fins	Flossä (pl)
fire	Füür (n)
fire alarm	Füralarm (m)
fire department	Füürweer (f)
fire helmet	Füürweerhelm (m)
fire somebody	öppär entlaa (v), öppärem kündigä (v)
firefly	Glüäwürmli (n)
first aid kit	Erschti-Hilf-Set (n)
firstborn	Erschtgeboreni
first class	erschti Klass
first floor	erschti Schtock
fiscal year	Gschäftsjaar (n)
fish	Fisch (m), fischä (v)
fishing boat	Fischerboot (n)
flame	Flammä (f)
flammable	entzündbar
flashlight	Taschälampä (f)
flat	Wonig (f)
flea	Floo (m)
flea market	Floomi (m)
flee	flüchtä (v)
flip-flops	Flipflops (pl)
flippers	Flossä (pl)
flirt	flörtä (v)
float (in air)	schwäbä (v)
float (in water)	schwümmä (v)
flood	Fluät (f), überschämä, Überschwämmig (f)
floor	Bodä (m)
flora	Flora (f), Pflanzäwält (f)
florist	Florischt (m), Florischtin (f)
flour	Määl (n)
flow	flüssä
flower	Bluämä (f)
flowerpot	Blümätopf (m), Bluämächübel (m)
flutist	Flötischt (m)
fly	flügä (v), Flüügä (f)
foal	Fülli (n)
foam	Schuum (m)
foehn	Föön (m)
fog	Nebel (m)
fold	zämälegä (v)
folder	Ordner (m)
folding ruler	Doppelmeter (m)
foliage	Laub (n)
food chain	Narigs-Chettä (f)
foot	Fuäss (m)
forehead	Schtirn (f)
foreign currency	Främdwäärig (f)
foreign investments	Uslandinweschtizionä (pl)
foreigner	Usländär (m)
foreleg	Vorderbai (n)
forest	Wald (m)
forget-me-not	Vergissmeinicht (n)
fork	Gablä (f)
fossil	Verschtainerig (f)
found	gfundä
fountain pen	Fülli (m)
fox	Fux (m)
free fall	freiä Fall
free spirit	Freigaischt (m)
freedom	Fraihait (f)
freeze	igfrürä
freezer	Tüfchüäler (m)
freight	Fracht (f)
freighter	Frachtschiff (n)
french bread (ba-guette)	Baget (n)
french fries	Pomm Fritt (pl)
fresh milk	früschi Milch
Friday	Friitig
fridge	Chüälschrank (m)
fried egg	Schpiägälai (n)
fried fish	frittiertä Fisch
fried perch	Fischchnuschperli (pl)
friend	Fründ (m), Fründin (f)
friendliness	Früntlichkait (f)
friendly	früntlich
friends	Fründä(pl)
frog	Frosch (m)
front	Vordersitä (f), vornä
front door	Huustür (f)
froth	Schuum (m)
fruit	Frucht (f)
fruit basket	Früchtechorb (m)
fruit bowl	Früchteschalä (f)
fruit juice	Fruchtsaft (m)
fruit tea	Früchtetee (m)
fruit	Frücht (pl)
frustrated	fruschtriert
fry	bratä (v)
frying pan	Bratpfannä (f)
fuel dispenser	Zapfsüülä (f)
full	voll
full moon	Vollmond (m)

full train	volli Zug
fun	Schpass (m)
fundamentalist	Fundi (m)
funeral home	Beschtattigsinschtitut (n)
fungicides	Pilzvernichtigsmittel (n)
funicular	Sailbaan (f), Schtandsailbaan (f)
funnel	Trichtär (m)
funny	luschtig
fur	Fell (n)
furnace	Ofä (m)
fury	Wuät (f)

G

gain	schtigä (v)
gallery	Gallerii (f)
gallop	galoppiärä
gang	Bandi (f)
garage	Garasch (f)
garbage bag	Abfallsakk (m)
garbage can	Abfallchübäl (m), Papierchorb (m)
garden	Gartä (m), gärtnärä (v)
garden trowel	Pflanzchelä (f)
gardener	Gärtnär (m), Gärtnärin (f)
garlic	Chnobli (m)
gas	Gas (n), Benzin (n)
gas hose	Benzinschluuch (m)
gas station	Tankschtell (f)
gas station attendant	Tankschtelläwart (m)
gas tank	Benzintank (m)
gasoline engine	Benzinär (m)
gauze	Verband (m)
gearshift	Gangschaltig (f)
gene	Gen (n)
genetics	Genetik (f)
Geneva	Genf
genitals	Genitaliä (pl)
geography	Geografii (f)
geology	Geologii (f)
German class	Dütschkurs (m)
germinate	kaimä (v)
get a job	ä Arbet findä
get arrested	feschtgnoo wärdä
get attacked	agriffä wärdä
get better	xund wärdä
get burned	sich verbrännä (v)
get dressed	sich aaziä (v)
get fined	büässd wärdä
get fired	Kündigung übercho
get injured	sich verlezzä (v)
get old	alt wärdä (v)
geyser	Geisir (m)
gill	Kimä (f)
giraffe	Giraff (m)
give birth	gebärä (v)
glacier	Gletscher (m)
glass	Glas (n)
glassware	Glasswarä (pl)
glasses	Brülä (f)
glaze	glasiärä (v)
global	global
gloomy	düschter
gloves	Häntschä (pl)
glue	Liim (m)
go ballistic	wüätig wärdä
go camping	kämpä (v)
go to school	id Schuäl ga
goat	Gaiss (f)
going down the stairs	Schtägä abega
going out	usga (v)
going to school	id Schuäl ga (v)
going up the stairs	Schtägä ufäga
good humor	guätä Humor
good reviews	gueti Kritik
goods	Güätär (pl)
gossip	Klatsch (m), tratschä (v)
government	Regiärig (f)
government help	Schtaats-hilf (f)
grab	pakkä (v)
grades	Notä (pl)
graduate	Schuäl abschlüsä
grain	Getraidä (n), ussalzä (v)
grand tour of Switzerland (Swiss tourist route)	Gross Schwiizer Tuur
granddaughter	Enkelin (f)
grandma	Grossmuättär (f)
grandpa	Grossfattär (m)
grandson	Enkel (m)
grapes	Truubä (f)
graphics	Grafikä (pl)
grass	Gras (n)
grass snake	Ringelnatterä (f)
grasshopper	Hoigümper (m)
grate (cheese)	raffIä (v)
grater	Rafflä (f)
gravity	Schwärchraft (f)
grease	Fett (n), iifettä (v)
great-grandfather	Urgrossfattär (m)
green	grüän
green car	umwältfründlichs Auto
green party	die Grüänä (pl)
green tea	Grüäntee (m)
greenhouse effect	Triibhuuseffäkt (m)
grill	grilliärä (v)
groceries	Läbesmittäl (pl)
groom	Brütigam (m)
gross domestic product (GDP)	Bruttoinlandprodukt (n)
ground floor	Partäär (n)
group work	Gruppäarbet (f)
grow	waxä (v)
grow up	ufwaxä (v)
growl (bear)	brummä (v)
growth	Wachstum (n)
growth ring	Jaaresring (m)
guess	ratä (v)
guest room	Gäschtezimmär (n)
guilty	schuldig
guitarist	Gitarischt (m)
gulf	Golf (m)
gummy bears	Gummibärli (pl)
gun	Pischtolä (f)
gutter	Rinnä (f)
gym	Fitnessschtudio (n)
gymnasium	Gimi (n)

H

habitat	Läbensruum (m)
hacksaw	Metallsägi (f)
hail	haglä (v)
hair	Haar (pl)
hair band	Haarband (n)
haircut	Haarschnitt (m)
hairdresser	Guaför (m)
hairy chest	haarigi Bruscht
half-fare card	Halbtax (n)
hallway	Gang (m)
ham	Schinkä (m)
hammer	Hammär (m), Hammärä (v)
hammerhead shark	Hammärhai (m)
hand	Hand (f)
hand towel	Handtüächli (n)
handball	Handball
handcuffs	Handschällä (pl)
handle	Griff (m)
handlebars	Lenkstangä (f)
hang	hangä (v)
hang up the laundry	Wösch ufhänkä
hang up	ufhänkä (v)
happiness	Glükk
happy	glükklich
harbor	Hafä (m)
hard hat	Schuzzhelm (m)
hardware store	Baumarkt (m)
hat	Huät (m)
hatch	schlüpfä (v)
have a drink	ais go ziä
have a fever	Fiäber ha
have sex	Sex ha/Liäbi machä (v)
Hawaiian shirt	Hawaiihämp (n)
hawk	Falkä (m)
hazelnut tree	Haselnussbaum (m)
head	Chopf (m)
headache	Chopfwee (n)
headmaster	Schuäldirektor (m)
head of state	Schtaatsoberhaupt (n)
headache	Kopfwee (n)
headlight	Vorderliächt (n)
headlines	Schlagziilä (pl)
headphones	Chopfhörer (m)
headquarters	Hauptsizz (m)
heal	verhailä (v)
heal a patient	än Paziänt hailä
health	Xundhait (f)
health insurance	Chrankäkassä(f)
healthy	xund
healthy food	xunds Ässä
hear	ghörä (v)
hearing protection	Ooräschüzzär (pl)
heart	Härz (n)
heart attack	Härzinfarkt (m)
heartbroken (to be)	äs broches Härz ha
heart monitoring	Härz überwachä
heat	haizä (v)
heating	Haizig (f)
heavy rain	schtarchä Rägä
hedge	Hekkä (f)
hedgehog	Igel (m)
hee-haw (donkey)	ii-aa-ii-aa
heel	Färsä (f)
heels	Schtöggelischuä (pl)
heir	Erb (m)
heist	Raubüberfall (m)
helicopter	Heli (m), Helikoptär (m)
helmet	Helm (m)
help	hälfä (v)
Helvetia	Helvezia (f)
hen	Hännä (f)
herbal schnapps	Chrütär (m)
herbal tea	Chrütärtee (m)
herbicide	Unchrutvertilger (m)
herbs	Chrüter (pl)
hibernate	Wintärschlaf machä
hide	verschtekkä (v)
high	hoch
high temperature	höchi Temperatur

highlighter	Lüchtschtift (m)
hike	wandärä (v)
hill	Hügäl (m)
hind leg	Hinderbai (n)
hip	hip, Hüft (f)
hippo	Nilpferd (n)
hire somebody	öppär aschtellä
hiss (cat, snake, etc.)	fauchä (v)
history	Gschicht
hobby	Hobbi (n)
hock (back part of the leg of an animal)	Schprunggländk (n)
hold	hebä (v)
hole punch	Lochär (m)
home	Dihai (n)
home office	vo dihai schaffä
homeless	obdachlos
homework	Husufgabä (pl)
homey	haimälig
honey	Honig (m)
honeycomb	Wabä (f)
hood	Motorhuubä (f)
hooves	Huuf (pl)
horn	hupä (v)
horns	Hörnär (pl)
horror	Horror (m)
horse	Ross (n)
horse riding	riitä (v)
horticulture	Gartäbau (m)
hose	Schluuch (m)
hospital	Schpital (n)
hospital bed	Schpitalbett (n)
hospital gown	Schpitalnachthämp (n)
hospital room	Schpitalzimmär (n)
hospitalized (to be)	im Schpital sii
host	Psizzär (m)
hot	haiss, warm
hot-air balloon	Haissluftballon (m)
hot chocolate	haissi Schoggi
hot dog	Hot Dog (m)
hotel	Hotel (n)
hour	Schtund (f)
house	Huus (n)
house foundations	Fundament (n)
house pet	Huustiär (n)
household	Huushalt (m)
housing prices	Huuspriis (m)
howl (monkey, lion)	brüllä (v)
howl (wolf)	hülä (v)
HR department	Personalabtailig (f)
human body	mänschlich Körpär
humid	füächt
hump	Hökkär (m)
hungry	hungrig
hunt	jagä (v)
hurricane	Orkan (m)
hurry up	pressiärä (v)
hurt	verlezzt, wee tuä (v)
husband	Ehema (m)
hybrid vehicle	Hübrid (m)
hydrant	Hüdrant (m)
hypnotized	hüpnotisiirt

I

ibex	Schtaibbokk (m)

ice	Iiis (n)
ice cream	Glasse (n)
ice hockey	Iishokei
iceberg	Iisbärg (m)
icky!	gruusig
ill	chrank
illustrator	Zaichner (m)
imagination	Fantasii (f)
imaginative	fantasiivoll
import	importiärä (v)
improvements	Renovazion (f)
in calf	trächtig
in custody	in Haft
in favor	für
in love	verliäbt
incident	Vorfall (m)
incision	Iischnitt (m)
income	Iikomä (n)
income tax	iikommensschtürä (pl)
increase	zuänä (v)
independent	unabhängig
indicators	Indiziä (pl)
industrial zone	Induschtriigebiät (n)
industry	Induschtrii (f)
inequality	Unglichhait (f)
infection	Aaschtekkig (f)
inflammation	Entzündig (f)
inflation	Inflazion (f)
inform	informiärä (v)
information	Info (f), Informazion (f)
information screen	Uskunfts-Taflä (f)
infusion	Uufguss (m)
ingest	uufnää (v)
inhaler	Inhalator (m)
inherited	gärbt
injured	verlezzt
injury	Verlezzig (f)
innocent	unschuldig
innovation	Erfindig (f), Innowazion (f)
innovative	innovativ
insect	Insekt (n)
insects	Insektä (pl)
inspection	Undersuechig (f)
inspiration	Iigebig (f)
instruction manual	Aalaitig (f)
insurance	Versicherig (f)
intensive care	Intensiifpfläg (f)
interest rate	Zins (m)
interested	interessiert
International Committee of the Red Cross	Internazionals Komitee vom rotä Chrüz kaärka (IKRK)
internet	Internet (n)
interview	usfrögä (v)
Intravenous (IV) infusions	intrawenösi Infusion
intruder	Iidringling (m)
inventor	Erfindär (m), Erfindärin (f)
invest	inweschtiärä (v)
investigation	Undersuechig (f)
investment	Vermögensalag (f)
invoice	Rächnig (f)
iron	glettä (v)
island	Inslä (f)
IT	Aitii (m)
IT department	Aiti-Abtailig (f)
IV	intravenös
ivy	Efoi (n)

J

jack	Wagehebär (m)
jacket	Jaggä (f)
jail	Chischtä (f) (colloquial), Gfängnis (n)
jalousie	Sichtschuzz (m)
jam	Gomfi (f)
janitor	Abwart (m), Abwärtin (f), Huuswart (m)
January	Januar (m)
jar	Gomfiglas (n)
jaws	Chifer (m)
jealousy	Iifersucht (f)
jeans	Dschiins (f)
jeep	Tschiip (m)
jellyfish	Kwallä (f)
jet set	Tschett sett (m)
journalist	Schurnalischt (m), Schurnalischtin (f)
joy	Froid (f)
judge	Richtär (m), Richtärin (f)
judgement	Urtail (n)
July	Juli (m)
jump	gumpä (v)
June	Juni (m)
jungle	Dschungäl (m), Urwald (m)
jurisdiction	Rächtsschprächig (m)
jury	Schüri (f)
justice	Grächtigkait (f)

K

kangaroo	Kängäru (n)
kayak	Kajak (n)
keep pace	Tempo bhaltä
kettle	Wasserchocher (m)
key	Schlüssäl (m)
keyboard	Taschtatur (f)
kids	Chind (n)
kids' room	Chindärzimmär (n)
killer whale	Killerwal (m)
kindergarten	Chindzgi (m)
kindergarten teacher	Kindergärtnerin (f)
kitchen	Chuchi (f)
kitchen cabinet	**Chuchichäschtli (n)**
kitchen clock	Chuchiuur (f)
kitchen drawers	Chuchischubladä (pl)
kitchen lamp	Chuchilampä (f)
kitchen rag	Chuchilumpä (m)
kitchen table	Chuchitisch (m)
kite flying	kaitä (v)
knee	Chnüü (n)
knife	Mässer (n)

L

lab	Labor (n)
lab coat	Arztkittäl (m)
lab sample	Laborprob (f)
label	aaschribä (v)
labor	Wehä (pl)
laboratory	Labor (n)
laces	Schuäbändel (f)
lactate	soigä (v)
ladder	Laitärä(f)
ladle	Chellä (f)
ladybird	MarirChäfärli (n)
ladybug	MariäChäfärli (n)

lagoon Lagunä (m)
lake See (m)
lamb Lamm (n)
lamp Lampä (f)
land Land (n)
landlord Vermiätär (m)
landmark Gränzschtai (m)
language Schprach (f)
laptop Läptop (m)
large industry Grossinduschtrii (f)
larva Larvä (f)
laugh lachä
laundry Wösch (f)
laundry basket Wöschzainä (f)
laundry room Wöschchuchi (n)
lava Lawa (f)
law Gsezz (n)
lawless gsezzlos
lawn gnome Gartäzwärg (m)
lawn mower Rasämäjär (m)
laws Gsezz (pl)
lawyer Aawalt (m), Aawältin (f)
laxative Abfüärmittäl (n)
laze around fulenzä (v)
lazy fuul
leaf Blatt (n)
leaf blower Laubbläser (m)
learn leerä
leather Lädär (n)
leave behind zrugg la (v)
leg Bai (n)
legal rächtlich
legal expenses Grichts-choschtä (pl)
legs Bai (pl)
legume Hülsäfrucht (f)
lemon Zitronä (f)
lemonade Limo (f)
lens Linsä (f)
lentils Linsä (pl)
letter Briäf (m)
lettuce Kopfsalat (m)
liberal freihaitlich
liberals (FDP) fraihaitlich demokratisch Partai (f)/ÄfDePe
library Bibliotek (f)
license plate Autonummerä (f)
lid Dekkel
lie (in bed) ligä (v)
lie (speak falsely) lügä (v)
life-threatening läbensgförlich
life buoy Rettigsring (m)
lifeguard Badmaischtär (m), Badmaischtärin (f)
lifeless läblos
lift Lift (m), lupfä (v)
light Liächt (n)
light a match äs Zündhölzli azündä
lightbulb Glüäbirrä (f)
lighthouse Lüchtturm (m)
light rain tröpflä (v)
light-skinned hellhütig
light spectrum Liächtschpektrum (n)
light switch Liächtschalter (m)
lightning Blizz (m)
like gärn ha
lime Limettä (f)
line Schlangä (f)
lion Loi (m)
liquidity likwidi Mittel (pl)
list of sins Chärbholz (n)

listen losä (v)
listen to music Musig losä
live läbä (v)
live alone allai läbä
live together zämä läbä
livestock Vii (n)
living room Schtubä(f)
lizard Aidäxli (n)
load ladä (v)
loan Darleä (n)
lobbyist Lobbi-ischt (m)
lobster Hummer (m)
locals Lokalbevölkerig (f)
lockers Schlüssfächer (pl)
locksmith's shop Schlusseldiänscht (m)
locomotive Lokki (f)
logistics Logistik (f)
loin Ländä (f)
lollipop Schläkkschtängäl (m)
lonely einsam
long lang
look similar sich änlä (v)
loose wiit
lorry Laschtwagä (m)
lose verlürä (v)
lose blood Bluät verlürä
losses Verluscht (m)
lost and found Fundbüro (n)
louse Luus (f)
love liäbä (v), Liäbi (f)
love each other sich liäbä (v)
lovely weather schöns Wättär
lover Geliäbti (f/m)
low tüüf
low temperature tüfi Temperatur
luggage Gepäkk (n)
lunch Zmittag (n)

M

macaroni with cheese Älplermaggronä (pl)
machismo Männlichkaitswaan (m), Matschismo (m)
magazine Heftli (n), Magazin (n)
magenta magentarot
magic formula Zauberformlä (f)
magician Zaubärer (m), Zaubärin (f)
magnet Magnet (m)
magnet pin Magnetschtift (m)
magnetism Magnetismus (m)
mail Poscht (f)
mailbox Briäfchaschtä (f)
main train station Hauptbaanhof (m)
maintenance Underhalt (m), Wartig (f)
majority Meerhait (f)
make a snowman än Schneemaa bauä
make music Musig machä
male Männli (n)
mallet HolzHammär (m)
mammal Soigetiär (n)
man Maa (m)
mane Määnä (f)
manufacturing Herschtellig (f)
maple syrup Ahornsirup (m)
maple tree Ahorn (m)
March März (m)
marijuana Gras (n)
marine life Meeresläbä
market Markt (m)

marmot Murmäli (n)
marriage Ehe (f)
married ghüratä
mashed potatoes Schtokki (m)
mask Maskä (f)
masking tape Maalerchläbband (n)
mass Massä (f)
master Maischter (m)
master's degree Master (m)
match Zündhölzli (n)
mate sich fortpflanzä (v), sich paarä (v)
materialist materialistisch
math Mati (m)
matter Materiä (f)
Matterhorn Matterhorn (n)
May Mai (m)
mayonnaise Mayonäs (f)
meadow Wisä (f)
meadows Wisä (pl)
meal Maalziit (f)
mealtime Ässensziit (f)
mean fiis
measure mässä (v)
meat Flaisch (n)
meat fondue Flaischfondü (n) (Fündu Burginion, Fondü schinuas)
mechanic Mechanikär (m), Mechanikärin (f)
mechanics Mechanik (f)
medal Medalliä (f)
mediation Schlichtig (f)
medical center Ärztezentrum (n), Medizinzentrum (n)
medicine cabinet Medizinschrank (m)
medical file Krankä-Aktä (f)
medical practice Arztpraxis (f)
medication Medikament (n)
medicinal plant Hailpflanzä (f)
medicine Medizin (f)
meditate meditiärä (v)
meet sich träffä (v), träffä (v)
meeting Beschprächig (f), Sizzig (f)
meeting point Träffpunkt (m)

meeting room Beschprächigszimmär (n), Sizzigszimmär (n)
meeting someone öppär träffä
melody Melodii (f)
melt schmelzä (v)
members of parliament Parlamentariär (m)
menorah Menora (f)
meow (cat) miauä (v)
message Nachricht (f)
metamorphosis Verwandlig (f)
microphone Mikro (n)
microscope Mikroskop (n)
midday Mittag (m)
migratory birds Zugvögäl (pl)
milage or kilometrage Kilometerschtand (m)

military	Militär (n), militärisch
milk	Milch (f)
milkshake	Milchscheik (m)
Milky Way	Milchschtrass (f)
mincemeat	Ghakkets
mineral water	Mineral (n)
minerals	Mineraliä (pl)
mini golf	Minigolf
minister	Minischtär (m), Minischtärin (f)
minute	Minutä (f)
mirror	Schpiägäl (m)
miserable	elend
mist	Dunscht (m), Näbäl (m)
mittens	Fuschthäntsche (pl)
mix	mischä (v), vermischä (v)
mix of beer and sprite	Panasche (n)
mixer	Mixer (m)
mobility	Mobilität (f)
model	Model (n)
modeling	modelliärä
modern	modern
modern music	moderni Musig
molecule	Moleküül (n)
molt	sich hüütä (v)
Monday	Mäntig
money	Gäld (n)
money flow	Gäldfluss (m)
monitor	beobachtä (v), Bildschirm (m), überwachä (v)
monkey	Aff (m)
monument	Monumänt (n)
moo (cow)	muuä (v)
moon	Mond (m)
morning	Morgä (m)
mortgage	Hüpothek (f)
mosque	Moschee (f)
mosquito	Muggä (f)
moss	Moos (n)
moth	Mottä (f)
mother	Muättär (f)
mother-in-law	Schwigermuättär (f)
motion	Bewegig (f)
motivate	motiwiärä (v)
motorcycle	Töff (m)
motorist	Autofaarär (m)
mountain	Bärg (m)
mountain hut	Bärghüttä (f)
mountaineering	Bergschtiigä
mountains	Bärgä (pl)
mouse	Muus (f)
moustache	Schnauzz (m)
mouth	Muul (n)
move	sich bewägä (v)
move a case on	Fall witerziä
mow the lawn	Rasä mäjä
muesli	Müäsli (n)
mug	Becher (m), Chacheli (n), Tassä (f)
multilingual	villsprachig
municipal	kummunal
mushrooms	Pilz (pl)
music group	Bänd (f)
musician	Musikär (m), Musikärin (f)
musicians	Musikär (pl)
mussel	Miismuschlä (pl)
mustard	Sänf (m)
muzzle	Schnauzä (f)

N

nail	Nagel (m)
naked	nakkt
naked hikers	Nakktwanderär (pl)
nap	pfusä (v)
napkin	Serviettä (f)
national	nazional
national community	Landsgmaind (f)
national council	Nazionalrat (m)
national team	Nazionaltiim (n)
natural reserve	Naturschuzzgebiät (n)
natural resources	Bodäschäzz (pl)
naturalist	Naturforschär (m)
nature	Natur (f)
navigator	Navi (n)
neck	Hals (m), Nakkä (m)
necklace	Hals-Chettäli (n)
nectar	Nektar (m)
neigh (horse)	wiiärä (v)
neighborhood	Nachbarschaft (f)
neighbors	Nachbarä (pl)
nephew	Neffä (m)
nervous	nervös
net	Nezz (n)
network	Nezzwerk (n)
neutral	noitral
neutrality	Noitralität (f)
new	noi
news (TV)	Nachrichtä (pl)
newspaper	Ziitig (f)
Nicole Egger	Autorin (f)
niece	Nichtä (f)
night	Nacht (f)
nightcap	Schlummi (m)
nightclub	Klub (m)
nipple	Bruschtwarzä (pl)
no ticket	kais Billet
nobel prize laureate	Nobelpriisträger (m)
nocturnal animal	nachtaktivs Tiär
noisy	lärmig
north	Nor (m)
north pole	Nordpol (m)
North Star	Polarschtern (m)
nose	Nasä (f)
notepad	Notizblokk (m)
notes	Notizä (pl)
November	Novämbär (m)
nude	nakkt
nurse	pflegä (v), Pflägefachfrau (f), Pflägefachmaa(m), Schwöschtär (f) (colloquial)
nursery	Chrippä (f)
nut	Muättärä (f), Nuss (f)

O

oak	Aichä (f)
oasis	Oasä (f)
objection	Widerschpruch (m)
observatory	Schtärnwartä (f)
observe	beobachtä (v)
ocean	Ozean (m)
ocean pollution	Meeresverschmuzzig (f)
October	Oktober (m)
octopus	Krakä (f)

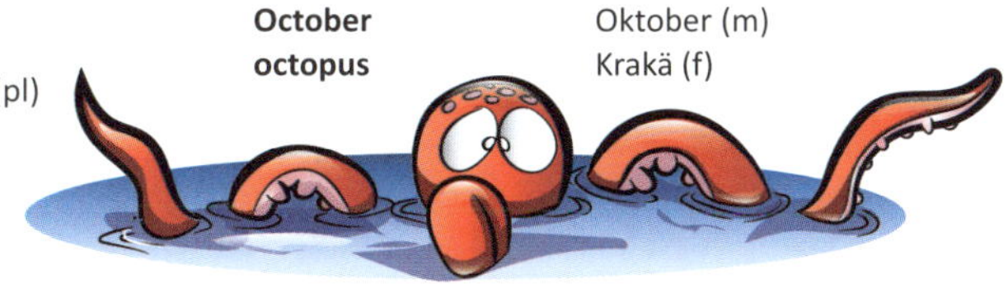

offer	abütä (v)
office	Büro (n)
office building	Bürogeboide (n)
office supplies	Büromaterial (n)
office view	Büroasicht (f)
oink (pig)	grunzä (v)
old	alt
old-fashioned	altmodisch
olives	Olivä (f)
on duty (to be)	Beraitschaft ha
on medication	under Medikament-siifluss
on patrol	patrulliärä (v)
on probation	uf Bewärig
on the loose	uf fraiem Fuäss
on the record	aktäkundig
one franc	Schtuzz (colloquial)
onions	Zwiblä (pl)
open	uufmachä (v)
open-minded	offä
opera	Operä (f)
operate	operiärä (v)
operation	Operazion (f)
opinion	Mainig (f)
opinion poll	Mainingsumfrag (f)
opponent	Gägner (m)
opposition	Opposizion (f)
optics	Optik (f)
optimistic	optimistisch
orange (color)	orangsch
orange juice	Orangschäsaft (m)
organic	bio
organism	Organismus (m)
organize	organisiärä (v)
organizer	Schrubächaschtä (m)
orienteering	O-äl (m)
orphan	Waisä (m)
ostrich	Schtruuss (m)
outcast	usgschtossä (gsellschaftlich)
outdoors	dussä
ovaltine	Ovi (f)
oven	Bachofä (m), Ovä (m)
overalls	Lazzhosä (f)
overdose	Überdosis (f)
overdraft	Konto überziä
overtake	überholä (v)
overtime	Überschtundä (pl)
owl	Ülä (f)
oxygen	Suurschtoff (m)
oxygen tube	Suurschtoff-Röörä (f)
oysters	Auschtärä (pl)

P

pages	Sitä (pl)
pain	Schmärz (m)
painkillers	Schmärzmittel (pl)
painful	schmerzhaft
paint	(a)malä (v), malä (v)
paint bucket	Farbchübäl (m)
paint roller	Farbroller (m)
paintbrush	Pinsel (m)
painting	Gemälde (n)
painter	Maaler (m), Malärin (f)
painting	Bild (n)
pajamas	Pischama (n)
paladar sticks	Paladarschtäbli (n)
palm	Palmä (f)
pandemic	Pandemii (f)
panic	Panik (f)
pant (dog)	hechlä (v)

pants	Hosä (f)
pantyhose	Schtrumpfhosä (f)
paper clip	Bürochlammerä (f)
paper shredder	Schreddär (m)
paper towel	Chuchipapier (n)
paper tray	Papirablag (f)
paperweight	Briäfbeschwärer (m)
paperwork	Papirchram (m)
parachute	Fallschirm (m)
parachuting	Glaitschirm flüügä
paraglide	Gleitschirm flüügä
paragliding	Glaitschirm flüügä
parents	Elterä (pl)
park	Park (m), parkiärä (v)
parking lot	Parkplazz (m)
parking meter	Münzautomat (m)
parking number	Parkplazznummerä (f)
parking sign	Parkplazzschild (n)
parliament	Parlamänt (n)
parrot	Papagai (m)
participation	Tailnam (f)
particle	Partikel (m)
party	in Uusgang ga (v)
party animal	Partimuus (f)
passed	beschtandä
passenger	Passachiärin (f), Passaschir (m)
passive	passiv
pasta	Taigwarä (pl)
paths	Wäg (pl)
patient	Paziänt (m), Paziäntin (f)
patriot	Patriot (m)
paws	Pfotä (pl)
pay	zalä (v)
pay attention	ufpassä
payment	Zalig (f)
PC	Kompi (m)
peace	Frida (m)
peaceful	fridlich
peach	Pfirsich (m)
peak	Gipfäl (m)
peanuts	Erdnüss (pl)
pear	Birräbaum (m)
pearl	Pärlä (f)
peas	Ärbsli (pl)
pedal	Pedall (m)
pedestrian	Fuässgängär (m), Fuässgängärin (f)
pee	brünzlä (v)
peel	schälä (v)
peeler	Schparschäler
pelican	Pelikan (m)
pen	Schtift (m)
pencil	Bleischtift (m), Schtift (m)
pencil sharpener	Schpizzär (m)
penguin	Pinguin (m)
peninsula	Halbinslä (f)
penis	Penis (m)
people	Lüt (pl)
pepper	Pfäffer (m)
perch	Egli (m)
perform	vorfüärä (v)
performance	Darbiätig (f)
persecution	Verfolgig (f)
pessimistic	pessimistisch
pest	Plag (f)
pesticide	Pflanzäschuzzmittäl (n)
pet food	Tiärfuätter (m)
petal	Blüätäblatt (n)
pharmacy	Apotek (f)

phases	Faasä (f)
PhD	Doktorat (n)
phillips screwdriver	Chrüzschrubäziär (f))
philosophical	filosofisch
phobia	Fobii (f)
photograph	Foti (n), fotografiärä (v)
photographer	Fotograf (m), Fotografin (f)
photography	Fotografii (f)
physical education	turnä (v)
physics	Füsik (f)
picnic	Piknik (n)
pickax	Pikkel (m)
pickpocket	Taschädiäb (m), Taschädiäbin (f)
picnic	pikknikkä (v)
barbecue	brötlä (v)
picturesque	malerisch
piercing	Piirsing (n)
pig	Sau (f)
pike	Hecht (m)
pile	Biig (f)
pill	Pillä (f), Tablettä (f)
pillow	Chüssi (n)
pilot	Pilot (m), Pilotin (f)
pin	Kodwort (n), Pinkod (m)
pinch	ä Prisä
pine	Piniä (f)
pineapple	Ananas (f)
pinecone	Tannzapfä (m)
ping-pong	Tischtennis
pink	rosarot
pipette	Pipettä (f)
pitchfork	Mischtgablä (f)
pizza	Pizza (f)
pizza delivery	Pizzaserviss (m)
plague	beläschtigä (v)
plain	Ebeni (f)
plan	Plan (m)
plane crash	Flugzügabschturz (m)
planet	Planet (m)
plankton	Plankton (n)
plant	Pflanzä (f), pflanzä (v)
plant pot	Bluämätopf (m)
plantation	Plantaschä (f)
plaster	Pflaschter (n)
plastic	Plastik (m)
plate	Teller (m)
plateau	Hochebeni (f)
platform	Perron (n)
platform number	Glaisnummerä (f)
platform section	Glaisberaich (m)
play	schpilä (v)
play cards	Chartä spillä (v)
play soccer	tschutä (v)
play frisbee	Frisbii schpilä
play golf	Golf schpillä
play music	Musig machä
play piano	Klavir schpilä
play tennis	Tennis schpillä
player	Schpilärin (f), Schpillär (m)
playground	Schpillplazz (m)
pleased	zfridä
plebiscite	Volksabschtimmig (f)
pliers	Zangä (f)
plug (electricity)	Schtekkär (m)
plug in	ischtekkä (v)
plum	Pflumä (f)
plumber	Sanitär (m), Sanitärin (f)

plunger	Pömpel (m)
pocket	Hosätäschä (f)
pocket knife	Sakkmässer (n)
pocket money	Sakkgäld (n)
podium	Podium (n)
point	zaigä (v)
poison	Gift (n)
polar bear	Iisbär (m)
pole	Pol (m)
police	Polizei (f), Schmiär (f) (colloquial), Tschuggär (colloquial)
police car	Polizeiauto (n)
police control	Polizeikontrollä (f)
police station	Polizeischtation (f)
police van	Polizeiwagä (m)
policeman	Polizischt (m)
policewoman	Polizischtin (f)

political	politisch
political motion	politischä Vorschtoss (m)
political party	politischi Partai (f)
politician	Politikär (m), Politikärin (f)
politics	Politik (f)
poll	Umfrag (f)
pollen	Pollä (pl)
pollinate	beschtoibä (v)
pollution	Verschmuzzig (f)
poor	arm
popsicle	Schtängelglassä (n)
popular initiative	Volksiniziative (f)
population	Bevölkerig (f)
pork	Schwinigs (n)
port	Hafä (m)
post	Poscht (f)
post office	Poscht (f)
postal stamp	Briäfmarkä (f)
postal vote	Briäfwaal (f)
poster	Poschtär (n)
postman	Pöschtlär (m)
postwoman	Pöschtlärin (f)
pot	Channä (f), Gras (n), Pfannä (f)
potatoes	Härdöpfäl (pl)
pottery	töpferä (v)
pour	abgüssä (v)
poverty	Armuät (f)
power box	Sicherigschaschtä (m)
practice	üäbä (v)
praying mantis	Gottesabätterin (f)
preheat	vorhaizä (v)
prepare	vorberaitä (v)
prescription	Rezäpt (n)
present	zaigä
presentation	Präsentazion (f)
president	Präsident (m), Präsidentin (f)
prevention	Vorbügig (f)
prey	Büti (f)
price	Priis (m)
price sign	Priisschild (n)

pride Schtolz (m)
priest Pfarrär (m), Pfarrärin (f)
primary care Erschtversorgig (f)
primary school Primarschuäl (f)
print drukkä (v)
printer Drukkär (m)
priority Priorität (f)
priority person bevorzugti Person
priority zone Vorrangzone (f)
prism Prisma (n)
prison Chischtä (f) (colloquial), Gfängnis (n)
private privat
produce produziärä (v)
production Produkzion (f)
professionals Fachlüt (pl)
profit Gwünn (m)
project (film) projieziärä, zaigä
project plan Projektplan (m)
projector Biimär (m), Projektor (m)
pronounce a sentence äs Urtail verkündä
propagate sich fortpflanzä (v)
prosecutor Schtaatsawalt (m)
protect schüzzä (v)
protection Schuzz (m)
protest proteschtiärä (v)
protester Demonschtrant (m), Demonschtrantin (f)
protocol Protokoll (n)
pubis Schambai (n)
public öffentlich
pulse Puls (m)
pumpkin Chürbis (m)
punch holes in paper lochä (v)
puncture duräschtächä (v)
punish bestrafä (v), schtrafä (v)
punishable by law schtrafbaar
punishment Beschtrafig (f)
pupate verpuppä (v)
puppy Welpä (m)
purple lila
purr (cat) schnurrä (v)
purse Handtäschä (f)
put up on the wall ad Wand befestigä

Q

quack (duck) schnatterä (v)
qualification for university Matura
quality Kwalität (f)
quantity Mängi (f)
quantum Kwantum
quiet ruhig
quit kündigä (v)

R

rabbit Haas (m)
rack railway Schtandsailbaan (f)
racket Schleger (m)
raclette Raglett (n)
radio Radio (n)
railcar Waggon (m)
railway Baan (f), Zug (m)
rain Rägä (m), rägnä (v)
rain forest Rägäwald (m)
rain water Rägäwassär (n)
rainbow Rägäbogä (m)
raincoat Rägämantäl (m)
rake Rächä (m)
rash Uusschlag (m)
rattlesnake Klapperschlangä (f)
raven Raab (m)
raw materials Rooschtoff (pl)
ray Rochä (m)
read läsä (v)
real estate agent Immobiliämakler (m), Immobiliämaklerin (f)
rear Rükksitä (f)
rear-view mirror Rükkschpiägäl (m)
reception Empfang (m)
receptionist Empfangsdamä (f), Empfangshärr (m)
recipe Rezäpt (n)
recite vorträgä
record Aktä (f), ufnä (v)
record working time Arbets-Ziit erfassä
recover sich erholä (v)
red rot
Red Cross Rooti Chrüüz (n)
red wine Rootwii (m)
reeds Schilf (n)
reef Riff (n)
referendum Referendum (n)
refreshments Erfrüschig (f)
refrigerate chüälä (v)
REGA rescue REGA Rettigsflugwacht (f)
regime Reschim (n)
relationship Beziig (f)
relatives Verwandtä (pl)
relax fulenzä (v), sich entschpanä (v)
relief Erliächterig (f)
religious religiös
remedy Hailmittäl (n)
reminder Erinnerig (f)
rent miätä (v)
rent out vermiätä (v)
repair flikkä (v)
repellent Schuzzmittäl (n)
report Pricht (m), prichtä (v)
reporter Prichterschtattär (m), Prichterschtattärin (f)
representatives Värträter (pl)
reptile Reptiliä (f)
rescue rettä (v)
research forschä (v), Forschig (f)
research and development Forschig und Entwikklig
reserve Rükklagä (pl)
reserves Reservä (pl)
residential building Woohngeboide (n)
resin Harz (n)
rest sich erholä (v)
result Ergebnis (n)
retire pensioniärt wärdä
retirement Pensioniärig (f)
returns Ertrag (m)
review überprüäfä (v)
revolutionary revoluzionär
rhino Nashorn (n)
rice Riis (ml)
rich riich
ride farä (v)
ride the chairlift Sässelilift faarä
ride the T-bar lift Bügällift faarä
ring Ring (m)
ring the doorbell lütä (v) (a dä Tüür)
riot police Beraitschaftpolizei (f)
risk Risiko (n)
river Fluss (m)
river mouth Flussmündig (f)
road Schtrass (f)
road marks Schtrassä-Markiärigä (pl)
roadwork Schtrassä-Arbaitä (pl)
roast röschtä (v)
robber Roibär (m)/Roibärin (f)
robbery Raub (m)
rocker Rokkär (m)
rocket Raketä (f)
roe Ree (n)
roll Püürli (n), rollä (v)
roller skates Rollschuä (pl)
rolling pin Walholz (n)
romantic romantisch
roof Dach (n)
room Zimmär(n)
room division Ruumuftailig (f)
rooster Güggel (m)
root Wurzlä (f)
rope Sail (n)
rose Rosä (f)
rose wine Rose (m)
rosti Röschti (f)
rubber boots Gummischtifel (pl)
rude unhöflich
rug Teppich (m)
ruler Lineal (m)
run rännä (v)
rural ländlich
rush Aschwellig (f), pressiärä (v)
rush hour Hauptvercherszit (f), Schtossziitä (pl)
Rütli Rütli (n)

S

sad truurig
sadness Truur (f)
safe Seif (m), sicher
safety Sicherhait (f)
safety cone Vercheerstöggel (m)
safety net Sicherhaitsnezz (n)
safety pin Schlüssgufä (f)
safety tape Abschpeerband (n)
sail säglä (v)
sailboat Sägälboot (n)
salad Salat (m)
salamander Molch (m), Salamander (m)

salary Loon (m)
sale Verchauff (m)
salesman Verchoiffär (m)
saleswoman Verchoiffärin (f)
salt Salz (n), salzä (v)
salty salzig
sanction sankzioniärä (v)
sand Sand (m), schliifä (v)
sandpaper Schliifpapir (n)
sandwich Sändwitsch (n)
sanitize desinfiziärä (v)
sardines Sardinä (f)
satellite Satellit (m)

satellite dish	Satellitäschüsslä (f)
satisfied	befridigt
Saturday	Samschtig
saucer	Undertäller (m)
saurian	Echsä (f)
sausage	Bratwurst (f)
save	rettä (v), schparä (v)
save lives	Läbä rettä
savings	Erschparti (n)
saw	säägä (v), Sagi (f)
sawdust	Sägmääl (n)
scale	Waag (f)
scales	Schuppä (pl)
scan	skännä (v)
scar	Narbä (f)
scarf	Schal (m)
schnapps	Schnapps (m)
school	Schuäl (f)
school material	Schuälzüg (f)
school psychologist	Schuälpsycholog (m)
science	Wüssäschaft (f)
scientist	Wüssäschaftlär (m), Wüssäschaftlärin (f)
scissors	Schär (f)
scooter	Trotti (n), Trottinett (n)
scorpion	Skorpion (m)
scraps	Reschtä (pl)
scream	schreiä (v)
screen	Bildschirm (m)
screw	Schrubä (f), schrubä (v)
screwdriver	Schrubäziär (f)
scribble	mölälä (v)
scuba mask	Tauchärbrüllä (f)
sculpture	Skulptur
sea	Meer (n)
sea urchin	Seeigel (m)
sea anemone	Seeanemonä (f)
sea lion	Seeloi (m)
sea turtle	Meeresschildchrott (f)
seagull	Mövä (f)
seahorse	Seepfärdli (n)
seal	Seehund (m)
search	suächä (v)
seashore	Küschtä (f)
season	Jaaresziit (f)
seat	Sizz (m)
seat belt	Gurtä (f)
seaweed	Tang (m), Seegras (n)
second	Sekundä (f)
second class	zwaiti Klass
secondary school	Mittelschtufä (f)
secret	Ghaimnis (n)
secret agent	Ghaimagent (m), Ghaimagentin (f)
secret code	Ghaimkod (m)
secretary	Sekretär (m), Sekretärin (f)
secure	sichärä (v)
securities	Akziä (pl)
security	Sicherhait (f)
security camera	Überwachigskamera (f)
security check	Sicherhaitskontrolle (f)
security person	Sicherhaitsperson (f)
see	gseh (v), luägä (v)
sea level	Meeresschpiägäl (m)
seed	Samä (m)
seedling	Kaimling (m)
seismology	Erdbebäkund (f)
sell	verchauffä (v)
separate	sich trännä (v)
separated bedrooms	trännti Schlafzimmär (pl)
September	Septämber (m)
Sergio J Lievano	Autor (m)
serve	serwiärä (v)
serve a sentence	ä Schtraf absizzä
service	Diänschtlaischtig (f), Särwiss (m)
service shop	Tankschtelläschopp (m)
serving	Porzion (f)
set fire	azündä (v)
sew	näjä (v)
sewerage	Kanalisazion (f)
shame	Scham (f)
shared bedroom	gmainsame Schlaf-zimmär (n)
shark	Hai (m)
sharp	scharf
sharp teeth	scharfi Zää
sheep	Schaf (n)
shelf	Regal (n)
shells	Muschlä (pl)
shelves	Gschtell (pl)
shield	Schild (n)
shield (Swiss coat of arms)	Schuzzschild (n)
shine	schiinä (v)
ship	Schiff (n)
shipment	Schiffsladig (f)
shirt	Hämp (n)
shock	Schokk (m)
shocked (be)	än Schokk ha
shoes	Schuä (pl)
shoot	schüssä (v)
shooting	Schüsserei (f)
shop	chauffä (v)
short	churz
shortcut	Abchürzig (f)
shorts	kurzi Hosä (pl)
shoulder	Schulterä (f)
shovel	Schuflä (f)
shower	duschä (v), Duschi (f)
shower curtains	Duschvorhang (m)
shred	schrederä (v)
shrimp	Krövettä (f)
shrub	Busch (m)
shy	schüch
siblings	Gschwüschtertä (pl)
sick	chrank, übäl
sidewalk	Trottuar (n)
sightseeing	aluägä (v) (Schtatt)
sign	unterschribä (v), Vercheers-Schilld (n)
signal	Signal (n)
signature	Unterschrift (f)
signs	Zaichä (pl)
simple	eifach
sing	singä (v)
sink	Lawabo (n), Schüttschtai (m)
siren	Sirenä (f)
sister	Schwöschtär (f)
sit	sizzä (v)
sit on a bench	uf äm Bänkli sizzä
situation	Laag (f)
skate	Rollbrätt faarä
skateboard	Rollbrätt (n)
sketch	skizziärä
ski	Schii (pl), Schii farä
ski jumping	Schii schpringä
skin	Huut (f)
skirt	Rokk (m)
sky	Himmel (m)
skylight	Dachfänschtär (n)
skyscraper	Hochhuus (n)
sled	Schlittä (m), schlittlä (v)
sleep	schlafä (v)
sleeping car	Nachtwagä (m)
sleepy	müäd, schläfrig
slice	i Schibä schniidä
slide	schliifä (v)
slither	schlänglä (v)
slow	langsam
SME	Ka-Äm-U (n)
smell	schmökkä (v)
smile	lächlä (v)
smirk	grinsä (v)
smoke	Rauch (m), rauchä (v)
smoke detector	Rauchmälder (m)
snack	Snäkk (m)
snack at 4pm	Zviäri (n)
snack at 9am	Znüüni (n)
snacks	Knabärzüg (n)
snail	Schnägg (m)
snail shell	Schnäggähuus (n)
snake	Schlangä (f)
sneakers	Turnschuä (pl)
snorkel	Schnorchäl (m)
snow	schneiä (v), Schnee (m)
soap dish	Saifäablag (f)
soccer (or soccer ball)	Fuässball
soccer player	Fuässballär (m), Fuässballärin (f)
social	gsellig, sozial
social democratic party (SP)	sozialdemokratisch Partai (f)/ ÄsPe
social distancing	Iischränkig vo soziala Kontäkt
social media	souschäl midia
socks	Sokkä (pl)
soda	Soda
soda can	Getränke-Dosä (f)
sofa	Kanape (n), Sofa (n)
sofa chair	Leenschtuäl (m)
soil	Bo (m)
soldier	Soldat (m), Soldatin (f)
solution	Lösig (f)
son	Soon (m)
sore	wund
sorrow	Chummer (m)
sound	tönä (v)
sound effect	Klangeffekt (m)
soup	Suppä (f)
sour	suur
south	Sü (m)
south pole	Südpol (m)
space	Wältruum (m)
spanner	Schruubäschlüssel (m)
spare wheel	Ersazzrad (n)
spark	Funkä (m)
sparrow	Schpazz (m)
speak	redä (v)
speaker	Luutschprächer (m)
speakers	Böxli (pl)
spectator	Gaffär (m)
speechless	schprachlos
speed	Gschwindigkait (f), rasä (v)
speed camera	Radar (m)
speeder	Rasär (m)
spend	usgä (v)
spice	Gwürz (n)
spices	Gwürz (pl)

spicy	scharf
spider	Schpinnä (f)
spirit level	Wasserwag (f)
sponge	Schwamm (m)
sponsor	Schponsor (m)
spoon	Löffäl (m)
spore	Schporä (pl)
sport	Schport (m)
sporty	schportlich
spotlight	Rampäliächt (n)
spots	Pünktli (pl)
spray	Schpräi (m)
spring	Früälig (m)
spritzer	Gschrüpzti (m)
sprout	kaimä (v)
spy	Schpion (m), Schpionin (f)
squid	Tintäfisch (m)
squirrel	Aichhörndli (n)
stadium	Schtadion (n)
stage (theater)	Büünä (f)
stairs	Schtägätritt (pl)
staircase	Schtägä (f)
stalactites	Schtalaktitä (pl)
stalagmites	Schtalagmitä (pl)
stalk	Bluämäschtängel (m)
stamen	Schtaubblatt (n)
stamp	Schtempfäl (m), Briäfmarkä (f)

stand	schtaa (v)
standing ovation	schtehendä Applaus
stapler	Bostitsch (m)
star	Schtärn (m)
starfish	Seeschtern (m)
start	losfaarä (v)
start an apprentice-ship	Leer afangä
statement	Aawisig (f)
stationary	Schriibzüg (n)
stationary store	Papeterii (f)
statue	Schtatuä (f)
stay at home	dihai bliibe
steal	schtälä (v)
steam	dämpfä (v)
steer	schtürä (v)
steering wheel	Schtüürrad (n)
stem	Schtiel (m)
stepbrother	SchtiifBrüädär (m)
stepfather	Schtiiffattär (m)
stepsister	Schtiifschwöschter (f)
stethoscope	Schtetoskop (n)
stew	schmoorä (v)
stiches	Schtich (pl)
stick bug	Gschpänsterschreckä (f)
sting	schtächä (v)
stingray	Schtachelrochä (m)
stink bug	SchtinkChäfär (m)
stir	rüärä (v)

stock	Akziä (f)
stomachache	Buuchwee (n)
stone	Schtai (m)
stool	Hokkär (m)
stop	ahaltä (v)
stop sign	Haltesignal (n)
stork	Schtorch (m)
storm	Schturm (m)
stove	Härd (m)
stovetop	Härdplattä (f)
strainer (small)	Siibli (n)
straw	Röörli (n)
straw hat	Schtroohuät (m)
strawberry	Erdbeeri (n)
street	Schtrass (f)
street art	Schtrassekunscht (f)
stress	Schtress
stress ball	Anti-Schtress-Schpillzüg (n)
stressed	gschtresst
stressful	schtressig
stretch	schtrekkä (v)
stretcher	Baarä (f), Tragä (f)
string	Schnuur (f)
stripes	Schtraifä (pl)
strips of veal	Züürigschnäzzläts
stroll	flaniärä (v)
stroller	Chindärwagä (m)
strong rain	schträzzä (v)
strong wind	schtarkä Wind
struggle	kämpfä (v)
study	Arbetszimmär (n), lärnä (v), schtudiärä (at university)
submarine	Uuboot (n)
subsidy	subvenzioniärä (v)
subterranean	unterirdisch
success	Erfolg (m)
suffer	liidä (v)
sugar	Zukkär (m)
sugar overdose	Überzukkerig (f)
suicidal	selbschtmörderisch
suit	Aazug (m)
suitcase	Koffer (m)
summer	Summär (m)
summer sports	Summärschport (m)
sun	Sunnä (f)
sunroof	Sunnätach (n)
sunbathe	sünnälä (v)
Sunday	Sunntig
sunflower	Sunnäbluämä (f)
sunglasses	Sunnäbrülä (f)
sunlight	Sunnäliächt (n)
supernova	Supernova (f)
supervise	überwachä (v)
supply	Agebot (n)
support	underschtüzä (v)
surgeon	Chirurg (m), Chirurgin (f)
surprise	Überraschig (f)
surveillance	Überwachig (f)
survival	Überläbä (n)
survive	überläbä (v)
suspect	Verdächtigi (f/m)
suspicious	verdächtig
sustainable	nachhaltig
SUV	Äsüüvii (m)
swallow	schlukkä (v)
swamp	Sumpf (m)
swarm	Schwarm (m), us-schwärmä (v)
sweater	Pulli (m)

sweep	wüschä (v)
sweet	süäss
sweeten	süässä (v)
sweets	dSüssigkaitä (pl)
swim	schwümmä (v)
swimming pool	Puul (m)
swimming trunks	Badhosä (f)
swimsuit	Badchlaid (n)
Swiss Army knife	Schwiizer Sakkmässer (m)
Swiss card game	jassä (v)
Swiss cherry schnapps	Kirsch (m)
Swiss Federal Insti-tute of Technology	Eteha (ETH)
Swiss fighter	Schwiizer Kampfflugzüg
Swiss flag	Schwiizer Faanä (pl)
Swiss franc	Schwiizer Frankä (m)
Swiss inventions	Schwiizer Erfindigä (pl)
Swiss law	Schwiizer Rächt
Swiss national soccer team	Natsi (f)
(Old) Swiss gold coin	Goldvreneli (n)
Swiss people's party (SVP)	Schwizerischi Volkspartai (f) /ÄsVauPe
Swiss specialties	Schwiizer Schpezialitätä
Swiss wrestling	schwingä (v)
switch	wechslä (v)
switch off a cell phone	Händi abschtelä
symbol	Simbol (n)
syringe	Schprüzzä (f)
syrup	Sirup (m)
system	Süschtem (n)

T

table	Tisch (m)
tablecloth	Tischtuäch (n)
tablet	Tablettli (n)
tadpole	Rosschopf (m)
tail	Schwanz (m)
tailor	Schniidär (m), Schniidärin (f)
take a bath	badä (v)
take a break	Pausä machä
take care	sich kümmerä (v)
take notes	Notizä machä
take photos	fotografiärä
takeout	zum Mitneeh
taking care	ufpassä (v)
talk	redä (v)
talk on the phone	telefoniärä (v)
talking to the neigh-bors	mit dä Nachbarä ploiderlä
tank	tankä (v)
tan	brun brännt
tap	Wasserhaan (m)
tape	Chläbband (n)
tape measure	Mässband (n)
target	Ziil (n)
tariff	Tarif (m)
taste	schmökkä (v)
tax haven	Schtürparadis (n)
tax office	Schtüramt (n)
taxes	Schtürä (pl)
taxi	Taxi (n)
tea	Tee (m)
tea herbs	Teechrütli (pl)
teaspoon	Teelöffäli (n)
coffee-table	Stubbetisch (m)
tea towel	Chuchitüächli (n)

teach leerä (v), unterrichtä
teacher Leerär (m), Leerärin (f)
team Mannschaft (f)
teat Zizä (pl)
technical technisch
technician Technikär (m), Technikärin (f)
technology Technik (f)
teenager Tiini (m)
telephone Telefon (n)
telescope Teleskop (n)
television Fernsee (m)
temperature Temperatur (f)
tenant Miätär (m), Miätärin (f)
tentacle Fangarm (m)
tentacles Fangärm (pl)
tentacles (snail) Schnäggäfüülär (pl)
termites Termitä (pl)
terrace Terrassä (f)
terror Terror (m)
test Prüäfig (f)
test drive Teschtfaart (f)
test tube Reagenzglas (n)
testify bezügä (v)
testimony Züügäussäg (f)
text Text (m)
The Center (party) Mitti (f)
The GA Travelcard (full year ticket) Ge-A (n)
theater Theater (n)
theory Teorii (f)
thermometer Fiäbärmessär (m), Thermometär (n)
thief Diäb (m), Diäbin (f)
thinker Dänkär (m)
thorn Dorn (m)
throat Hals (m)
throw wörfä (v)
thunder Dunnär (m)
thunderstorm Gwitter (n)
Thursday Dunnschtig
Ticino Tessin (n)
tick Zekkä (f)
ticket Billet (n), Vercherspuäss (f)
ticket controller Kontrollör (m)
ticket machine Billetschaltär (m)
ticket office Billetbüro (n)
ticket shop Billet-Schopp
tide Ebbe und Fluät
tidy up uufrumä (v)
tie Krawattä (f)
tight eng
time Ziit (f)
time zone Ziitzonä (f)
timeless ziitlos
tin can Büx (f)
tire Pnöö (m)
tired müäd
tissue Schtoff (m)
title Titel (m)
to-do list Tudu-Lischtä (f)
toad Chrott (f)

toast Tooscht (m), tooschtä (v)
toaster Tooschter (m)
toddler Chliichind (n)
toe Zejä (m)
toilet Tualättä (f), Weze (n)
toilet paper Wezepapiär (n)
tomato Tomatä (f)
tomato paste Tomatäpüree (n)
tomato sauce Tomatäsossä (f)
tongue Zungä (f)
toolbox Werkzügchischtä (f)
tool rack Wärkzüggschtell (n)
toolbox Wächzügchaschtä (m)
top Obertail (n)
top box Dachbox (f)
touch aalangä (v)
tourism Turismus (m)
tourist Turischt (m)
tourist attraction Tourischte-Attrakzion (f)
tourist center Tourischte-Zentrum (n)
tourists Turis (pl)
towel Tüächli (n)
town Schtatt (f)
toys Schpillsachä (pl)
toyshop Schpilla (m)
tracks Glais (pl)
tractor Traktor (m)
trade Handel (m)
traditional tradizionell
traditional Swiss team sport hornussä (v)
traffic Vercheer (m)
traffic jam Schtau (m)
traffic light Amplä (f), Liächtsignal (n)
traffic police Vercherspolizei (f)
traffic sign Vercheersschild (n)
trailer Ahängär (m)
train Zug (m)
train connection Zugaschluss (m)
train curtain Vorhang (m)
train staff Zugpersonal (n)
train station Baanhof (m)
tram Tram (n)
tram stop Tramhalteschtell (f)
tram tracks Tramschinä (pl)
tranquilizer Beruhigigsmittel (n)
transaction Transakzion (f)
transmission (TV) Überträgig (f)
transmit übermittlä (v)
transmit an infection Krankete überträgä
transportation Transport (m)
transport verlegä (v)
trap (as in trapping a bug) i-fangä (v)
trash Abfall (m)
trash can Abfallchubäl (m)
trash pickup Müllabfuur (f)
travel raisä (v)
traveler's checks Trävellerschekks (pl)
traveler Raisär (m), Raisärin (f), Raisendi (f), Raisändi (m), Wältäbummlär (m), Wältebummlerin (f)
tray Tablett (n)
tread Profil (n)
treasure Schazz (m)
treated behandlet
tree Baum (m)
tree trimmer Aschtschär (f)
tree trunk Baumschtamm (m)
trial Prozess (m)
tropical tropisch
trot trabä (v)
trouble Lämpä
trout Forellä (f)
trunk Rüssäl (m)
trunk (of a car) Koffärruum (m)
trust vertrauä (v)
t-shirt Liibli (n)
tsunami Tsunami (m)
tube Röörä (f)
Tuesday Ziischtig
tulip Tulpä (f)
tumbler Tömbler (m)
tummy Buuch (m)
tuna fish Thon (m), Thunfisch (m)
tunnel Tunnel (n)
turkey Truuthaan (m)
turn on the computer Kompiutär aschtelä
turtle Schildchrott (f)
TV Fernsee (m)
TV audience Fernseepublikum (n)
twins Zwilling (pl)
twister Tornado (m)
twitter zwitscherä (v)
type tippä (v)

U

udder Üter (n)
UFO UFO (n)
umbrella Schirm (m)
uncle Ungglä (m)
unconventional unkonwenzionell
uncomfortable unagnäm
underage minderjärig
under arrest verhaftät
undergo surgery operiert wärdä
underpass Underfüerig (f)
undershirt Underhämp (n)
underwear Underwösch (f)
undress sich abziä (v)
unemployed (to be) arbetslos si
unemployment Arbetslosigkait (f)
unhappy unglükklich
uniform Uniform (f)
universe Universum (n)
university Uni (f)
unprofessional worker Chnuuschti (m) (colloquial)
unrealistic realitätsfremd
urban stettisch
urban mobility stettischi Mobilität
urine Urin (m)
used car Oggasion (f)
UTH milk U-Ha-Te Milch

V

vacation Feriä (pl)
vacuum Schtaubsuugär (m), Staub suugä (v)
vagina Vaginä (f)
valley Taal (n)
value Wärt (m)
van s'Büssli (n)
vapor Dampf (m)
variable Variablä (f)
VAT Meerwertschtür (f)
vault Tresorruum (m)
veal Chalb (n)
vegan vegan
vegetable Gmüäs (n)

vegetable peeler	Schparschäler (m)
vegetarian	vegetarisch
vegetation	Pflanzäbeschtand (m)
velocity	Gschwindigkait (f)
ventilation	Belüftig (f), Lüftig (f)
ventilator	Ventilator (m)
verdict	Grichtsurtail (n)
vespa	Veschpa (f)
vest	Schilet (n)
veterinarian	Tiärarzt (m), Tiärärztin (f)
vice	Schruubschtokk (m)
victim	Opfer (n)
video	Video (n)
video call	Videoaruäf (m)
video camera	Videokamera (f)
video conference	Videokonfäränz (f)
video gaming	geimä (v)
video installation	Video-Inschtallazion (f)
vigilant	wachsam
village	Dorf (n)
violence	Gwalt (f)
violet	violett
virus	Virus (n)
vision	Sicht (f)
visit	bsuächä (v)
visit the zoo	in Zoo ga
visiting hours	Bsuächsziitä (pl)
visitor	Psuächär (m), Psuächärin (f)
visor	Visiir (n)
visual art	visuelle Kunscht
vitamins	Vitamin (pl)
voice	Schtimm (f)
volcano	Vulkan (m)
volume	Volumä (n)
vortex	Wirbel (m)
vote	abschtimmä (v), wäälä (v)
voter turnout	Waalbetailigung
voters	Wääler (pl)
voting age	Schtimmrächtsalter (n)
vulture	Gaiär (m)

W

waist	Talliä (f)
wait	wartä (v)
waiting room	Wartezimmär (n)
wake up	ufwachä (v)
walk	lauffä (v)
walk the dog	mit äm Hund go laufä
walker	Rollator (m)
walkie-talkie	Funkgrät (n)
walking frame	Geehilf (f)
wall	Wand (f)
wall plug	Dübel (m)
walrus	Walross (n)
wanted	gsuächt
ward	Chrankäschtazion (f)
warm up	ufwärmä (v)
wash	abwäschä (v), wäschä (v)
wash dishes	abwäschä (v)
wash the car	Auto wäschä
washing lines	Wöschlainä (f)
washing machine	Wöschmaschinä (f)
wasp	Wäschpi (n)
wasting electricity	Energii verschwände
watch	Armbanduur (f), (zuä)luägä (v), Uur (f)
watch glass	Uuräglass (n)
watch TV	Fernsee luägä (v)
watchmaker	Urmachär (m), Urmachärin (f)
water	Wasser (n)
water container	Wasserbehälter (m)
water cooler	Wasserspändär (m)
water hose	Schluuch (m)
water lily	Seerosä (f)
water pipe	Wasserleitig (f)
water plants	Pflanzä güssä
water police	Seepolizei (f)
water spray	Wasserschprei (m)
water valve	Wasserventil (n)
waterfall	Wasserfall (m)
watering can	Güss-channä (f), Schprüzzchannä (f)
watermelon	Wassermelonä (f)
wave	Wällä (f), winkä (v)
way to school	Schuälweg (m)
wealth	Riichtum (m)
weather	Wättär (n)
weather forecast	Wättärvorhersag (f)
webbing (ducks' feet)	Schwümmhüt (m)
webcam	Webkamera (f)
wedding dress	Hochziitschlaid (n)
Wednesday	Mittwuch
weed	Unchruut (n)
weigh	wägä (v)
weight	Gwicht (n)
welcoming	wilkomä
west	Weschtä (m)
wet	nass
whale	Wal (m)

wheelbarrow	Garettä (f)
wheelchair	Rollschtuäll (m)
wheels	Raifä (f)
whipped cream	Schlagraam (m)
whirlpool	Schtrudel (m)
whisk	Schwingbäsä (m), verquirlä (v)
whiskers	Schnurrhaar (pl)
whisper	flüschtärä (v)
whistle	pfifä (v)
white	wiss
whiteboard	Taflä (f)
white coat	wissi Mantäl
white wine	Wisswii (m)
wife	Ehefrau (f)
wild	wild
wild boar	Wildsau (f)
wildfire	Waldbrand (m)
wildlife	Wildtiär (pl)
wildflowers	Bluämäwisä (f)
William Tell	Willhelm Tell
win	gwünnä (v)
wind	Wind (m)
window	Fänschter (n)
windshield	Schuzzschiibä (f)
wine	Wii (m)
wing	Flügäl (m)
wings	Flügäl (pl)
winter	Wintär (m)
winter boots	Wintärschtifel (pl)
winter sports	Wintärschport (m)
wire cutters	Draatschäri (f)
wiretap	abhörä (v)
withdraw	abhebä (v)
withdraw money	Gäld abhebä
witness	Züüge (m), Züügin (f)
woke	ufgwacht
wolf	Wolf (m)
woman	Frau (f)
wonder	schtuunä
wood	Holz (n)
wood batten	Holzlattä (f)
wood glue	Holzliim (m)
wooden spoon	Holzlöffäl (m)
woodlouse	Chellerasslä (f)
wooden	holzig
woolen hat	Wullächappä (f)
work	Arbet (f), Buäz (colloquial), schaffä (v)
work hard	chrampfä, chrupplä (v)
work in progress	laufendi Arbaitä
workbench	Hobelbank (f)
worker	Buäzär (m), Büäzerin (f)
working area	Arbetsruum (m)
working hours	Arbetsziit (f)
working light	Arbetslampä (f)
workplace	Arbetsplazz (m)
workshop	Wärkschtatt (f)
workstation	Arbetsplazz (m), Schtollä (m) (colloquial)
worm	Wurm (m)
worried	besorgt
wound	Wundä (f)
wound dressing	Wundverband (m)
wrench	Schruubäschlüssel (m)
write	schriibä (v)

X

x-ray	röntgä (v)

Y

yellow	gäl
yodel	Yodel (m)
yodeling	jodlä (v)
yogurt	Jogurt (n)
young	jung
yummy!	fain

Z

zipper	Riisverschluss (m)
zoo	Zoo (m)
zoology	Zoologii (f)
zucchini	Zuggetti (f)

DICTIONARY

Swiss German–English

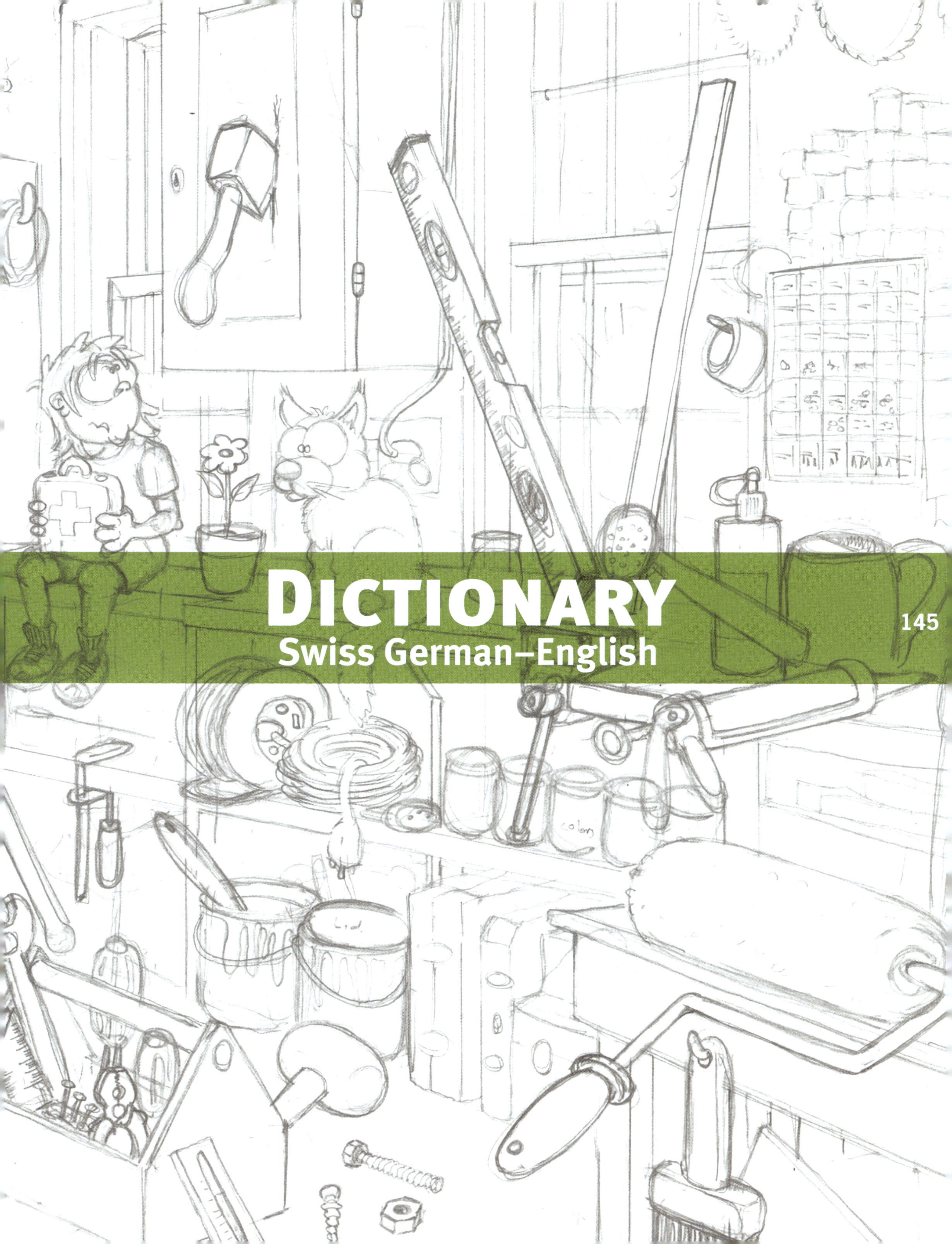

Swiss German–English

118 wälä	dial 118

A

ä Arbet findä	get a job
a dä Bar	at the bar
ä Prisä	pinch
ä Schtraf absizzä	serve a sentence
aagrifä (v)	attack
Aal (m)	eel
Aalaitig (f)	instruction manual
aalangä (v)	touch
aaschribä (v)	label
aaschtekkänd	contagious
Aaschtekkig (f)	infection
aaschwärzä (v)	denounce
Aawalt (m)	lawyer
Aawältin (f)	lawyer
Aawisig (f)	statement
Aazug (m)	suit
sich aaziä (v)	get dressed
abchüälä (v)	cool down
Abchürzig (f)	shortcut
abentürlich	adventurous
Abentüür (n)	adventure
Abfall (m)	rubbish
Abfallchubäl (m)	**trash can**
Abfallsakk (m)	garbage bag
Abfüärmittäl (n)	laxative
Abgasä (pl)	car fumes
abgüssä (v)	pour
abhebä (v)	withdraw
abholzä (v)	deforest
abhörä (v)	wiretap
Abig (m)	evening
Ablänkig (f)	distraction
Ablauf (m)	drainage
abnä (v)	decrease
Abschluss (m)	degree
Abschoi (m)	disgust
Abschpeerband (n)	safety tape
abschrakt	abstract
abschtärbä	die off
abschtimmä (v)	vote
Abtailig (f)	division
abtropfä (v)	drain
abütä (v)	offer
Abwart (m)	janitor
Abwärtin (f)	janitor
abwäschä (v)	wash, wash dishes
Abwäschmaschinä (f)	dishwasher
Abzug (m)	extractor (in the kitchen)
sich abziä (v)	undress
Achselhööli (f)	armpit
ad Wand befestigä	put up on the wall
Adlär (m)	eagle
adoptiärt	adopted
Aff (m)	monkey
Afterwörk	afterwork
Agebot (n)	supply
Agglo (f)	agglomeration
aggressif	aggressive
agriffä wärdä	get attacked
Agriffär (m)	assailant
agschtellt	employed
agschtellt sii	employed (to be)
Agschtellti (f)	employee
Agschtellti (m)	employee
ahaltä (v)	stop
Ahängär (m)	trailer
Ahorn (m)	maple tree
Ahornsirup (m)	maple syrup
Ai (n)	egg

Aichä (f)	oak
Aichhörndli (n)	squirrel
Aichlä (f)	acorn
Aidäxli (n)	lizard
Ainigung (f)	agreement
ais go ziä	have a drink
Aiti-Abtailig (f)	IT department
Aitii (m)	IT
akademisch	academic
Aklagti (f)	defendant
Aklagti (m)	defendant
Aktä (f)	file, record
aktäkundig	on the record
Aktäschrank (m)	filing cabinet
aktiv	active
akuatisch	aquatic
Akündigung (f)	announcement
Akziä (f/pl)	stock, securities
Alarm (m)	alarm
alarmirt	alarmed
Alchemischt (m)	alchemist
Alk (m)	alcohol
Alkohol (m)	alcohol
alkoholisch	alcoholic
allai läbä	live alone
allergisch	allergic
Alpä (pl)	alps

Alphorn (n)	alphorn
Älplermaggronä (pl)	macaroni with cheese
alt	old
alt wärdä (v)	get old
alternativä Läbesschtil	alternative lifestyle
altmodisch	old-fashioned
aluägä (v) (Schtatt)	sightseeing
Amaisä (f)	ant
Amaisähuufä (m)	anthill
amalä (Wand)	paint (the wall)
Ambulanz (f)	ambulance
Amfibiä (f)	amphibian
Amplä (f)	traffic light
amüsiert	amused
än noigirigä Gaischt	curious spirit
Än Paziänt beglaitä	accompany a patient
än Paziänt hailä	heal a patient
än Schneemaa bauä	make a snowman
än Schokk ha	be shocked
Ananas (f)	pineapple
Ängländär (m)	adjustable spanner
Angscht (f)	fear
Angscht ha	afraid
sich änlä (v)	look similar
Äntä (f)	duck
Antännä (f)	antenna
antibakteriell	antibacterial
antischtress	antistress
Anti-Schtress-Schpillzüg (n)	stress ball
antiviral	antiviral
Apero (m)	aperitif, drinks
Apotek (f)	pharmacy
Appäzällerchuä (f)	appenzeller cow
Appetit (m)	appetite
April (m)	April

Ärbäg (m)	airbag
Arbet (f)	work
Arbetgäbär (m)	employer
Arbetskolleg (m)	colleague
Arbetskollegin (f)	colleague
Arbetslampä (f)	working light
arbetslos si	unemployed (to be)
Arbetslosigkait (f)	unemployment
Arbetsplazz (m)	workplace, workstation
Arbetsruum (m)	working area
Arbetsziit (f)	working hours
Arbets-Ziit erfassä	record working time
Arbetszimmär (n)	study
Ärbsli (pl)	peas
Architekt (m)	architect
Architektin (f)	architect
Architektur (f)	architecture
archiviärä (v)	archive
Ärdä (f)	earth
arm	poor
Arm (m)	arm
Armband (n)	bracelet
Armbanduur (f)	watch
Armuät (f)	poverty
Aroma (n)	aroma
Artischokkä (f)	artichoke
Arzt (m)	doctor
Ärztezentrum (n)	medical center
Ärztin (f)	doctor
Arztkittäl (m)	lab coat
Arztpraxis (f)	medical practice
äs broches Härz ha	heartbroken (to be)
äs Dokument ablegä	file (a document)
äs kochts Ai	boiled egg
äs Urtail verkündä	pronounce a sentence
äs Zündhölzli azündä	light a match
asägä (v)	announce
Äschä (f)	ashes
Äschiniör (m)	engineer
Äschiniörin (f)	engineer
Aschtronom (m)	astronomer
Aschtronomin (f)	astronomer
Aschtronomii (f)	astronomy
Aschtschär (f)	tree trimmer
Aschwellig (f)	rush
asiatisch	Asian
ässä (v)	eat
Ässenszíit (f)	mealtime
Assischtänt (m)	assistant
Assischtäntin (f)	assistant
Äsüüvii (m)	SUV
Atlet (m)	athlete
Atletin (f)	athlete
Atmosfärä (f)	atmosphere
Atom (n)	atom
attraktiv	attractive
Augä (pl)	eyes
Augäkontakt (m)	eye contact
Augetropfä (pl)	eye drops
Auguscht (m)	August
Auschtärä (pl)	oysters
Auto (n)	car
Auto faarä	drive
Auto wäschä	wash the car
Autofaarär (m)	motorist
Autolift (m)	car lift
Autonummerä (f)	license plate
Autoraifä (m)	car tire
Autoschlüssäl (m)	car key
Autotüür (f)	car door
Auto-Umfall (m)	car accident
Autoverlad (m)	car shuttle train
Autowösch (f)	car wash
Axt (f)	axe
Azalig (f)	deposit
azogä	dressed
azündä (v)	set fire to

B

Baan (f)	railway
Baanhof (m)	train station
Baarä (f)	stretcher
bachä (v)	bake
Bachofä (m)	oven
Bad (n)	bathroom
badä (v)	take a bath
Badchlaid (n)	swimsuit
Badhosä (f)	swimming trunks
Badmaischtär (m)	lifeguard
Badmaischtärin (f)	lifeguard
Bädsch (m)	badge
Baget (n)	french bread (baguette)
Baggä (f)	cheek
Bai (n)	leg
Bai (pl)	legs
Bakteriä (pl)	bacteria
Balkon (m)	balcony
bällä (v)	bark
Baloon (m)	balloon
Bambus (m)	bamboo
Bananä (pl)	bananas
Bananäbaum (m)	banana tree

Bänd (f)	music group
Bandi (f)	gang
Bank (f)	bank, bench
Bankagschtellti (f)	banker
Bankagschtellti (m)	banker
Bänkär (m)	bank manager
Bankschalterbeamti (f)	cashier
Bankschalterbeamti (m)	cashier
Banküberfall (m)	bank robbery
Bankuuszug (m)	bank statement
bar	cash
Bar (f)	bar
Bär (m)	bear
Barfrau (f)	bartender
Bärg (m)	mountain
Bärgä (pl)	mountains
Bargäld (n)	cash
Bärghüttä (f)	mountain hut
Barkiiper (m)	barman
Barkod (m)	barcode
Barmaa (m)	barkeeper
Bäsä (m)	broom
Basketball	basketball
Basler Fasnacht	Basel carnival
Bäss (f)	bear market
Batteri (f)	battery
bättlä (v)	beg
bauä (v)	build
Bauarbeitär (m)	construction worker
Bauarbeitärin (f)	construction worker
Baum (m)	tree
Baumarkt (m)	hardware store
Baumschtamm (m)	tree trunk
Baumwullä (f)	cotton
Becher (m)	mug
bedrooti Art (f)	endangered species
Beeri (n)	berry
befridigt	satisfied
begaischteret	enthusiastic
Beha (m)	bra
behandlet	treated
Beis tschömpä	base jumping
Bekk (m)	baker
Bekkärin (f)	baker
beläschtigä (v)	plague
Belüftig (f)	ventilation
Benzin (n)	gas
Benzinär (m)	gasoline engine
Benzinschluuch (m)	gas hose
Benzintank (m)	gas tank
beobachtä (v)	monitor, observe
Beraitschaft ha	on duty (to be)
Beraitschaftpolizei (f)	riot police
Beraitschaftsarzt (m)	duty doctor
beratä (v)	counsel
Bergschtiigä	mountaineering
Bern	Bern
Beruhigigsmittel (n)	tranquilizer
Beschäftigung (f)	employment
Beschprächig (f)	meeting
Beschprächigszimmär (n)	meeting room
beschtandä	passed
Beschtattigsinschtitut (n)	funeral home
beschtoibä (v)	pollinate
Beschtrafig (f)	punishment
besorgt	worried
bestrafä (v)	punish
betoibä (v)	anesthetize
betroffä	concerned
betroiä (v)	care
Bett (n)	bed
Bettpfannä (f)	bedpan
Bettruä (f)	bed rest
Bettschtürig (f)	hospital bed remote control
beunruigt	concerned
beurtailä	evaluate
Bevölkerig (f)	population
bevorzugti Person	person given priority
bewaffnet	armed
sich bewägä (v)	move
Bewegig (f)	motion
bewertä	evaluate
Bewiis (m)	evidence
bewölkt	cloudy

Bewunderig (f)	admiration
Beziig (f)	relationship
Bezirksgricht (m)	district court
bezügä (v)	testify
Biändli (n)	bee

Biär (n)	beer
Bibeli (pl)	chicks
Bibliotek (f)	library
Biiig (f)	pile
Biimär (m)	projector
Bikini (n)	bikini
Bild (n)	painting
Bildig	education
Bildschirm (m)	monitor, screen
Billet (n)	ticket
Billetbüro (n)	ticket office
Billetschaltär (m)	ticket machine
Billet-Schopp	ticket shop
bio	organic
Biodiversität (f)	biodiversity
Biolog (m)	biologist
Biologin (f)	biologist
biologischi Viilfalt (f)	biodiversity
Birräbaum (m)	pear
Birzapfsülä (f)	beer dispenser
bitter	bitter
blasä (v)	blow
Blatt (n)	leaf
blau	blue
Bleischtift (m)	pencil
Blindefüärär (m)	blind person's guide
Blinkär (m)	blinker
blinzlä (v)	blink
Blizz (m)	lightning
Bloiälä (m)	bruise
blökä (v)	bleat (sheep)
Bluämä (f)	flower
Bluämächroonä (f)	corolla
Bluämächübel (m)	flowerpot
Bluämäschtängel (m)	stalk
Bluämätopf (m)	plant pot
Bluämäwisä (f)	wildflowers
Bluät (n)	blood
Bluät schpändä	donate blood
Bluät verlürä	lose blood
Blüätä (f)	blossom
blüätä (v)	bleed
Blüätäblatt (n)	petal
Bluätteschtt (m)	blood test
Bluetdrukkmässär (m)	blood pressure monitor
Bluetinfusion (f)	blood infusion
Blümätopf (m)	flowerpot
Bodä (m)	floor, soil
Bobbaan (f)	bobsledding track
Bodäschäzz (pl)	natural resources
Boilär (m)	boiler
Böllä (m)	ball
Boonä (pl)	beans
Boormaschinä (f)	drill
Boot (n)	boat
borä (v)	drill
Borer (m)	drill bit
Börgär (m)	burger
Börnaut (n)	burnout
Bostitsch (m)	stapler
Botanik (f)	botany
botanisch Gartä (m)	botanical garden
Botschaft (f)	embassy
Böxli (pl)	speakers
Brämsä (pl)	breaks
brännä (v)	burn
Bränner (m)	burner
bratä (v)	fry
Bratpfannä (f)	frying pan
Brätt (n)	board
Bratwurst (f)	sausage
brauä (v)	brew
Briäf (m)	letter
Briäfbeschwärer (m)	paperweight
Briäfchaschtä (f)	mailbox
Briäfmarkä (f)	postal stamp, stamp
Briäfwaal (f)	postal vote
brochä	broken
Brot (n)	bread
Brotchorb (m)	bread basket
brötlä (v)	barbecue
Brüädär (m)	brother
Brüädärschaft (f)	brotherhood
brüälä (v)	cry
Brugg (f)	bridge
Brülä (f)	glasses
brüllä (v)	howl (monkey, lion)
brummä (v)	growl (bear)
brun brännt	tan
brünzlä (v)	pee
Bruscht (f)	chest
Bruschtwarzä (pl)	nipple
Brut (f)	bride
Brütigam (m)	groom
Bruttoinlandprodukt (n)	gross domestic product (GDP)
bruun	brown
Bschtekk (n)	cutlery
bsuächä (v)	visit
Bsuächsziitä (pl)	visiting hours
Buäch (n)	book
Buächä (f)	beech
Büächär (pl)	books
Buächerwurm (m)	book lover
Buächhaltär (m)	accountant
Buächhaltärin (f)	accountant
Buächhaltig (f)	accounting
büässd wärdä	get fined
Buäz (colloquial)	work
Buäzär (m)	worker
Büäzerin (f)	worker
Buchnabäl (m)	belly button
Bucht (f)	bay
Büdsche (n)	budget
Bügällift faarä	ride the T-bar lift
Bund-	federal
Bundesgricht (n)	federal court
Bundeshuus (n)	Federal Palace
Bundesrat (m)	federal councillor
Bundesrätin (f)	federal councillor
Bunkär (m)	bunker
Bürgär (pl)	citizens
Büro (n)	office
Büroasicht (f)	office view
Bürochlammerä (f)	paper clip
Bürogeboide (n)	office building
Büromaterial (n)	office supplies
Bürschtä (f)	brush
Busä (m)	breast
Busch (m)	bush, shrub
Bushalteschtell (f)	bus stop
Buss (m)	bus
Bus-schofför (m)	bus driver
Bus-schoffös (f)	bus driver
Bus-Schtazion (f)	bus station
Büssli (n)	van
Büti (f)	prey
Buuch (m)	abdomen, tummy, belly
Buuchwee (n)	stomachache
Büünä (f)	stage (theater)
Buurähoof (m)	farm
Büx (f)	can, tin can

C

Cabrio (n)	convertible
Cayennepfäffer (m)	cayenne pepper
Chääsfondü (n)	cheese fondue
Chacheli (n)	mug
Chäfär (m)	beetle
Chalb (n)	veal
Chällär (m)	cellar
chalt	cold
Chämmi (n)	chimney
Channä (f)	pot
Chaos (f)	chaos
Chapslä (f)	capsule
Chapslä (pl)	capsules
Chärbholz (n)	list of sins
Charrä (m) (colloquial)	car
Chartä spillä (v)	play cards
Chäs (m)	cheese
Chaschtä (m)	closet
chauffä (v)	buy, shop
Chellä (f)	ladle
Chellerasslä (f)	woodlouse
Chemii (f)	chemistry
Cherzä (f)	candle
Chettäsagi (f)	chainsaw
Chifer (m)	jaws
Chind (n)	child
Chind (pl)	children
Chindärsizz (m)	child car seat
Chindärwagä (m)	stroller
Chindärzimmär (n)	kids' room
Chindhait (f)	childhood
chindisch	childish
Chinni (n)	chin
Chirurg (m)	surgeon
Chirurgin (f)	surgeon
Chischtä (f) (colloquial)	jail, prison
Chischtä (colloquial)	a million francs
Chläbband (n)	tape

Chlaid (n)	dress
Chlaidär (pl)	clothes
Chlaidärschtänder (m)	coat stand
chlätterä (v)	climb
chlätterä (v)(uf Boim)	climb trees
Chlauä (pl)	claws
Chlee (m)	clover
Chliichind (n)	toddler
Chnobli (m)	garlic
Chnöchäl (m)	ankle
Chnoschpä (f)	bud
chnuschprig	crispy
Chnüü (n)	knee
Chnuuschti (m) (colloquial)	unprofessional worker
Choch (m)	chef
chochä (v)	cook
Chochbuäch (n)	cookbook
Chöchin (f)	chef
Koffärruum (m)	trunk (of a car)
Choiffer (m)	buyer
Chopf (m)	head
Chopfhörer (m)	headphones
Chopfwee (n)	headache
Choschtä (pl)	costs
choschtä (v)	cost
Chrabbä (f)	crab
chrabblä (v)	crawl
Chragä (m)	collar
chräjä (v)	crow (crow)
chrampfä	work hard
chrank	ill, sick
chrank wärdä	fall ill
Chrankäkassä (f)	health insurance
Chrankäschtazion (f)	ward
Chrankäwagä (m)	ambulance
Chrippä (f)	nursery
Chrischtbaum (m)	Christmas tree
Chrott (f)	toad
Chrottäpöschä (pl)	dandelion
chrüchä (v)	creep
chrupplä (v)	work hard
Chrütär (m)	herbal schnapps
Chrütärtee (m)	herbal tea
Chrüter (pl)	herbs
Chrüzschrubäziär (f)	phillips screwdriver
Chrüzworträzäl (n)	crossword puzzle
Chuä (f)	cow

Chuächä (m)	cake
chüälä (v)	refrigerate
Chüälschrank (m)	fridge
Chübel (m)	bucket
Chuchi (f)	kitchen
Chuchibrätt (n)	chopping board
Chuchichäschtli (n)	kitchen cabinet
Chuchilampä (f)	kitchen lamp
Chuchilumpä (m)	washcloth
Chuchipapier (n)	paper towel
Chuchischoss (f)	apron
Chuchischubladä (pl)	kitchen drawers
Chuchisiib (n)	colander
Chuchitisch (m)	kitchen table
Chuchitüächli (n)	tea towel
Chuchiuur (f)	kitchen clock
Chummer (m)	sorrow
Chund (m)	client
Chundin (f)	client
Chürbis (m)	pumpkin
churz	short
Chüssi (n)	pillow
Cokteil (m)	cocktail

D

Dach (n)	roof
Dachbox (f)	top box
Dachfänschtär (n)	skylight
Damm (m)	dam
Dampf (m)	vapor
dämpfä (v)	steam
Dänkär (m)	thinker
Darbiätig (f)	performance
Darleä (n)	loan
Datä (pl)	data
Datum (n)	date
Debattä (f)	debate
Dedektiv (m)	detective
Defibrillator (m)	defibrillator
Dekkel	lid
Deko (f)	decoration
Delfin (m)	dolphin
Delikt (n)	crime
Delta (f)	delta
Demo (f)	demonstration
Demokratii (f)	democracy
Demonschtrant (m)	protester
Demonschtrantin (f)	protester
depressiv	depressed
deprimiert	depressed
Deseerwii (m)	dessert wine
desinfiziärä (v)	disinfect, sanitize
Desser (m)	dessert
Detektivin (f)	detective
Dezämbär (m)	December
Diäb (m)	burglar, thief
Diäbin (f)	burglar, thief
diä Grüänä (pl)	green party
Diagnose (f)	diagnosis
Diänschtlaischtig (f)	service
Diät (f)	diet
digital	digital
digitalä Nomad	digital nomad
Dihai (n)	home
dihai bliibe	stay at home
Diplom (n)	diploma
Diräktär (m)	director
direkti Demokratii	direct democracy
Direktorin (f)	director
Dischestiv (m)	digestive drink
Disel (m)	diesel
Diskussion (f)	discussion
diskutiärä (v)	discuss
Dö Piäs (n)	costume
Doktorat (n)	PhD
Dokumänt (pl)	documents
Dokument zerschtörä	destroy documents
Doppelmeter (m)	folding ruler
Döpperwer (n)	containers (for food)
Dorf (n)	village
Dorn (m)	thorn
Dosis (f)	dose
Draatschäri (f)	wire cutters
Drachä (m)	dragon
dräkkig	dirty
dräkkigs Gschirr	dirty dishes
Drama (n)	drama
dramatisch	dramatic
Drogädelikt (n)	drug crime
drukkä (v)	print
Drukkär (m)	printer
Dschiins (f)	jeans
Dschungäl (m)	jungle
dSüssigkaitä (pl)	sweets
Dübel (m)	wall plug
Dünä (f)	dune
Düngär (m)	fertilizer
dunkäl	dark
dunkelhütig	dark-skinned
Dunkli Materiä (f)	dark matter
Dunnär (m)	thunder
Dunnschtig	Thursday
Dunscht (m)	mist
duräschtächä (v)	puncture
Durchfall (m)	diarrhea
Dürri (f)	aridity
duschä (v)	shower
Duschi (f)	shower
düschter	gloomy
Duschvorhang (m)	shower curtains
dussä	outdoors
Dütschkurs (m)	German class
Duudel (m)	Doodle scheduling

E

Ebbe (f)	ebb
Ebbe und Fluät	tide
Ebeni (f)	plain
Echsä (f)	saurian
Edelwis (n)	edelweiss
Eezee-Chartä (f)	debit card
effiziänt	efficient
Efoi (n)	ivy
Egli (m)	perch
Ehe (f)	marriage
Ehefrau (f)	wife
Ehema (m)	husband
Eh-Ka-Ge (n)	cardiogram
eifach	simple
einsam	lonely
Ekel (m)	disgust
Elefant (m)	elephant
Elektrikär (m)	electrician
Elektrikärin (f)	electrician
elektrisch Stichsagi (f)	electric jig saw

elektrischs Auto	e-car
elektrischs Kabäl	electric cable
elektrischs Verlängerigskabäl	extension cord
Elektrizität (f)	electricity
Elektroauto (n)	electric car
Elektroladeschtazion (f)	electric charging station
elend	miserable
Elläbogä (m)	elbow
Elterä (pl)	parents
Empfang (m)	reception
Empfangsdamä (f)	receptionist
Empfangshärr (m)	receptionist
Energii (f)	energy
Energii verschwände	wasting electricity
energiieffizient	energy efficient
Enerdschi-Drink (m)	energy drink
eng	tight
Enkel (m)	grandson
Enkelin (f)	granddaughter
Entdekkär (m)	explorer
entladä (v)	discharge
entschaidä (v)	decide
entspannt	relaxed
sich entschpanä (v)	relax
enttüscht	disappointed
entwerfä (v)	design
entwörfä	draft
entzückt	charmed
entzündbar	flammable
Entzündig (f)	inflammation
Erb (m)	heir
Erchlärig (f)	declaration
Erdbebäkund (f)	seismology
Erdbeeri (n)	strawberry
Erdnüss (pl)	peanuts
Erfindär (m)	inventor
Erfindärin (f)	inventor
Erfindig (f)	innovation
Erfolg (m)	success
Erfrüschig (f)	refreshments
Ergebnis (n)	result
sich erholä (v)	recover, rest
Erinnerig (f)	reminder
Erliächterig (f)	relief
Erosion (f)	erosion
Ersazzrad (n)	spare wheel
erschaffä (v)	create
erschöpft	exhausted
Erschparti (n)	savings
Erschtgeboreni	firstborn
erschti Klass	first class
erschti Schtock	first floor
Erschti-Hilf-Set (n)	first aid kit
Erschtversorgig (f)	primary care
Ertrag (m)	returns
Eschtrich (m)	attic
Esel (m)	donkey
Espresso (m)	espresso
Eteha (ETH)	Swiss Federal Institute of Technology
Evoluzion (f)	evolution
Ex-Maa (m)	ex husband
Experiment (n)	experiment
Expert (m)	expert
explosiv	explosive
exportiärä (v)	export

F

faarä (v)	drive
Faarär (m)	driver
Faarärin (f)	driver
Fääri (f)	ferry
Faarprüäfig (f)	driving test
Faaruswiis (m)	driver's license
Faasä (f)	phases
Fabrik (f)	factory
Fachhochschuäl (f)	advanced technical college
Fachlüt (pl)	professionals
Fäderä (pl)	feathers
fain	yummy!
Fäld (n)	field
Falkä (m)	hawk
Fall witerziä	move a case on
Fallschirm (m)	parachute
Familiä (f)	family
Familiäbandäne (pl)	family ties
Familiäfiir (f)	family gathering
Familiäwagä (m)	family train car
fangä	catch
Fangarm (m)	tentacle
Fangärm (pl)	tentacles
Fäns (pl)	fans
Fänschter (n)	window
Fantasii (f)	imagination
fantasiivoll	imaginative
faarä (v)	ride
Farb (f)	color
Farbchübäl (m)	paint bucket
farbig	colorful
farbigi Vogäl (m)	colorful bird
Farbpalettä (f)	color pallet
Farbroller (m)	paint roller
färä Handel	fair trade
Farn (m)	fern
Färsä (f)	heel
Fattär (m)	father
fauchä (v)	hiss (cat, snake etc.)
Fauna (f)	fauna
Februar (m)	February
Fell (n)	fur
Feminismus (m)	feminism
Feriä (pl)	vacations
Fernsee (m)	television, TV
Fernsee luägä (v)	watch TV
Fernseepublikum (n)	TV audience
feschtgnoo wärdä	get arrested
Fett (n)	grease
Fiäbär (n)	fever
Fiäbärmessär (m)	thermometer
Fiäber ha	have a fever
Figur (f)	figure
Fiir (f)	celebration
fiis	mean
filmä (v)	film
filosofisch	philosophical
Finanzä (pl)	finances
finanziärä (v)	finance
Finanzmärt (m)	financial market
findä (v)	find
Fingär (m)	fingers
Fingärabdrukk (m)	fingerprint
Firabig (m)	end of the workday
Firmäfäscht (n)	company party
Firmäparti (f)	company party
Fisch (m)	fish
fischä (v)	fish
Fischchnuschperli (pl)	fried perch
Fischerboot (n)	fishing boat
Fitnessschtudio (n)	gym
Flädermuus (f)	bat
Flaisch (n)	meat
Flaischfondü (n) (Fündu Burginion, Fondü schinuas)	meat fondue
Flaischfrässer (m)	carnivore
Flammä (f)	flame
flaniärä (v)	stroll
Fläschäöffner (m)	bottle opener
flikkä (v)	repair
Flipflops (pl)	flipflops
flissig	diligent
Flökkli (pl)	cereal
Floo (m)	flea
Floomi (m)	flea market
Flora (f)	flora
Florischt (m)	florist
Florischtin (f)	florist
flörtä (v)	flirt
Flossä (pl)	fins, flippers
Flötischt (m)	flutist
Fluät (f)	flood
flüchtä (v)	escape, flee
Flügä (f)	bow tie
flügä (v)	fly
Flügäl (m)	wing
Flügäl (pl)	wings
Flughafä (m)	airport
Flugverker (m)	air transport
Flugzügabschturz (m)	plane crash
flüschtärä (v)	whisper
Fluss (m)	river
flüssä	flow
Flussmündig (f)	river mouth
Flüügä (f)	fly
Fluugzüg (n)	airplane
Fobii (f)	phobia
Föiferli (n)	5 rappen coin
Fondü (n)	cheese fondue
Fondü-Röscho (n)	burner (for fondue)
Föön (m)	foehn
Forellä (f)	trout
forschä (v)	research
Forscher (m)	explorer
Forschig (f)	research
Forschig und Entwikklig	research and devel-opment
sich fortpflanzä (v)	breed, mate, prop-agate
Foti (n)	photograph
Fotograf (m)	photographer
fotografiärä	take photos
fotografiärä (v)	photograph
Fotografii (f)	photography
Fotografin (f)	photographer
Fracht (f)	cargo, freight
Frachtschiff (n)	cargo ship, freighter

Fraihait (f)	freedom
fraihaitlich demokratisch Partai (f) / ÄfDePe	liberals (FDP)
Främdwäärig (f)	foreign currency
Frässä (n)	eating (as animal), feed
Frau (f)	woman
freiä Fall	free fall
Freigaischt (m)	free spirit
freihaitlich	liberal
Frida (m)	peace
fridlich	peaceful
Friitig	Friday
Frisbii schpilä	play frisbee
fritiärä (v)	deep fry
frittiertä Fisch	fried fish
frögä (v)	ask
Froid (f)	joy
fröölich	cheerful
Frosch (m)	frog

früä	early
Früälig (m)	spring
Frucht (f)	fruit
Frücht (pl)	fruit
Früchtechorb (m)	fruit basket
Früchteschalä (f)	fruit bowl
Früchtetee (m)	fruit tea
Fruchtsaft (m)	fruit juice
Fründä (pl)	friends
Fründ (m)	friend
Fründin (f)	friend
früntlich	friendly
Früntlichkait (f)	friendliness
früschi Milch	fresh milk
fruschtriert	frustrated
füächt	humid
Fuägäfüllpischtolä (f)	caulking gun
Fuäss (m)	foot
Füäss (pl)	feet
Fuässball	soccer
Fuässballär (m)	soccer player
Fuässballärin (f)	soccer player
Fuässgängär (m)	pedestrian
Fuässgängärin (f)	pedestrian
Füdli (n)	bottom
fülä (v)	feel
fulenzä (v)	laze around, relax
Fülli (m)	fountain pen
Fülli (n)	foal
Fundament (n)	house foundations
Fundbüro (n)	lost and found
Fundi (m)	fundamentalist
Funkä (m)	spark
Funkgrät (n)	walkie-talkie
für	in favor
Füralarm (m)	fire alarm
Fuschthäntsche (pl)	mittens
Füsik (f)	physics
fuul	lazy
Füüler (pl)	antennae
Füür (n)	fire
Füür löschä	extinguish
Füürlöscher (m)	extinguisher
Füürweer (f)	fire department
Füürweerhelm (m)	fire helmet
Fux (m)	fox

G

Gablä (f)	fork
Gabriole (n)	convertible
Gaffär (m)	spectator
gaggerä (v)	cluck (hen)
Gägner (m)	opponent
Gaiär (m)	vulture
Gaiss (f)	goat
Gaissfuäss (m)	wrecking bar
gäl	yellow
Gäld (n)	money
Gäld abhebä	withdraw money
Gäldautomat (m)	ATM
Gäldfluss (m)	money flow
Gallerii (f)	gallery
galoppiärä	gallop
Gang (m)	hallway
Gangschaltig (f)	gearshift
Garasch (f)	garage
Garasch (m)	car repair shop
gärbt	inherited
Garettä (f)	wheelbarrow
gärn ha	like
Gartä (m)	garden
Gartäbau (m)	horticulture
Gartäzwärg (m)	lawn gnome
gärtnärä (v)	garden
Gärtnär (m)	gardener
Gärtnärin (f)	gardener
Gas (n)	gas
Gäschtezimmär (n)	guest room
Ge-A (n)	The GA Travelcard (full year ticket)
gebärä (v)	give birth
gebildet	educated
Geburt (f)	birth
Geehilf (f)	walking frame
gegä	against
geimä (v)	video gaming
Geisir (m)	geyser
Geliäbti (f)	lover
Geliäbti (m)	lover
Gemälde (n)	painting
Gen (n)	gene
Genetik (f)	genetics
Genf	Geneva
Genitaliä (pl)	genitals
Geografii (f)	geography
Geologii (f)	geology
Gepäkk (n)	baggage, luggage
Getraidä (n)	grain
Getränke-Dosä (f)	soda can
Gfaar (f)	danger
Gfängnis (n)	jail, prison
gfóörlich	dangerous
gfundä	found
Gfüühl (n)	feeling
Gfüül (n)	emotion
Ghaimagent (m)	secret agent
Ghaimagentin (f)	secret agent
Ghaimkod (m)	secret code
Ghaimnis (n)	secret
Ghakkets	mincemeat
ghörä (v)	hear
ghüratä	married
Gift (n)	poison
Giftzaa (m)	fangs (snake teeth)
Gimi (n)	gymnasium
Gipfäl (m)	peak
Gipfäli (n)	croissant
Giraff (m)	giraffe
Gitarischt (m)	guitarist
Glais (pl)	tracks
Glaisberaich (m)	platform section
Glaisnummerä (f)	platform number
Glaitschirm flüügä	paragliding, parachuting
Gländer (n)	bannister
glangwilt	bored
Glas (n)	glass
glasiärä (v)	glaze
Glasse (n)	ice cream
Glasswarä (pl)	glassware
glaubwürdig	credible
glazzchöpfig	bald
Gleitschirm flüügä	paraglide
Gletscher (m)	glacier
glettä (v)	iron
Gliichgwicht (n)	equilibrium
global	global
Gloibigär (m)	creditor
Gloon (m)	clown
Gloonin (f)	clown
Glüäbirrä (f)	lightbulb
Glüäwürmli (n)	firefly
Glükk	happiness
glükklich	happy
gmainnüzzigi Arbet	community service
gmainsame Schlafzimmär (n)	shared bedroom
Gmüäs (n)	vegetable
gnärvt	annoyed
gnüüssä	enjoy
Goggi (n)	coke
Goggon (m)	cocoon
Goldvreneli (n)	old Swiss gold coin
Golf (m)	gulf
Golf schpillä	play golf
Gomfi (f)	jam
Gomfiglas (n)	jar
Görling	curling
Gottesabätterin (f)	praying mantis
Gousinä (f)	cousin
grabä (v)	dig
Grächtigkait (f)	justice
Grafikä (pl)	graphics
Gränzä (f)	border
Gränzä (pl)	borders
Gränzschtai (m)	landmark
Gras (n)	grass, pot, marijuana
grausam	cruel
Greem (f)	cream

Gricht (n)	court
Grichts-choschtä (pl)	legal expenses
Grichtsreporter (m)	court reporter
Grichtssaal (m)	courtroom
Grichtsurtail (n)	verdict
Grichtszäichnär (m)	courtroom artist
Grichtszäichnärin (f)	courtroom artist
Griff (m)	handle
Grillä (f)	cricket
grilliärä (v)	grill
grinsä (v)	smirk
Gross Schwiizer Tuur	grand tour of Switzerland (Swiss tourist route)
Grossfattär (m)	grandpa
Grossinduschtrii (f)	large industry
Grossliinwand (f)	big screen (cinema)
Grossmuättär (f)	grandma
grüän	green
Grüäntee (m)	green tea
grunzä (v)	oink (pig)
Gruppäarbet (f)	group work
gruusig	icky!
Gschäft (n)	business
gschäftlich	commercial
Gschäftsjaar (n)	fiscal year
Gschicht	history
Gschirr (n)	dishes
Gschirrschpüäler (m)	dishwasher
Gschirrschrank (m)	cupboard
Gschirrwöschmittel (n)	dishwasher detergent
gschlagä	defeated
Gschöpf (n)	creature
Gschpänsterschreckä (f)	stick bug
Gschrüpzti (m)	spritzer
Gschtell (n)	cabinet
Gschtell (pl)	shelves
gschtresst	stressed
Gschwindigkait (f)	speed, velocity
Gschwüschtertä (pl)	siblings
gseh (v)	see
gsellig	social
Gsellschaft (f)	company
Gsezz (n)	law
Gsezz (pl)	laws
gsezzlos	lawless
Gsichtsmaskä (f)	face mask
gsuächt	wanted
Guaffför (m)	barber, hairdresser
Guafföss (f)	barber
guätä Humor	good humor
Güätär (pl)	goods
Guäzli (n)	cookie
gueti Kritik	good reviews
Güggel (m)	rooster
Gummi (m)	eraser
Gummibärli (pl)	gummy bears
Gummischtifel (pl)	rubber boots
gumpä (v)	jump
Gurkä (f)	cucumber
gurrä (v)	coo (pigeon)
Gurtä (f)	seat belt
Gürtäl (m)	belt
Gusän (m)	cousin
Güss-channä (f)	watering can
Guvär (n)	envelope
gwält	elected
Gwalt (f)	violence
Gwei (n)	antlers
Gwicht (n)	weight
Gwitter (n)	thunderstorm
Gwüärz (n)	condiment
Gwünn (m)	profit
gwünnä (v)	win
Gwürz (n)	spice
Gwürz (pl)	spices

H

Haar (pl)	hair
Haarband (n)	hair band
haarigi Bruscht	hairy chest
Haarschnitt (m)	haircut
Haas (m)	rabbit
Hafä (m)	harbor, port
Hafechraan (m)	dockside crane
Hag (m)	fence
haglä (v)	hail
Hai (m)	shark
Hailmittäl (n)	remedy
Hailpflanzä (f)	medicinal plant
haimälig	homey
haimelig	cozy
Haimwärker (m)	DIY
haiss	hot
haissi Schoggi	hot chocolate
Haissluftballon (m)	hot-air balloon
haizä (v)	heat
Haizig (f)	heating
hakkä (v)	chop
Halbinslä (f)	peninsula
Halbtax (n)	half-fare card
hälfä (v)	help
Hals (m)	neck, throat
Hals-Chettäli (n)	necklace
Haltesignal (n)	stop sign
Hammär (m)	hammer
Hammärä (v)	hammer
Hammärhai (m)	hammerhead shark
Hämp (n)	shirt
Hand (f)	hand

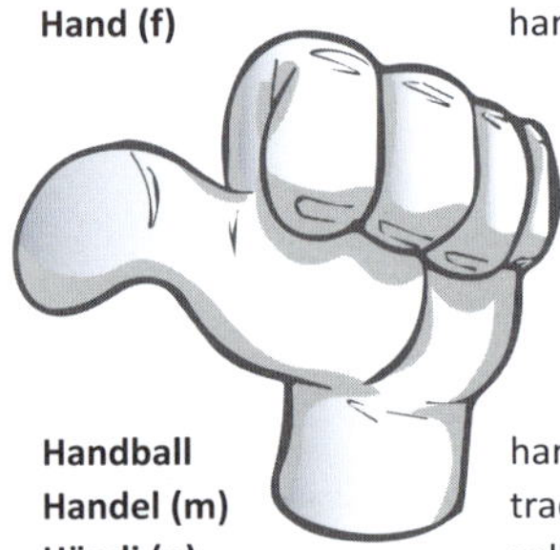

Handball	handball
Handel (m)	trade
Händi (n)	cell phone
Händi abschtelä	switch off a cell phone
Handschällä (pl)	handcuffs
Handtäschä (f)	purse
Handtüächli (n)	hand towel
hangä (v)	hang
Hännä (f)	hen
Häntschä (pl)	gloves
Härbscht (m)	autumn
Härd (m)	stove
Härdöpfäl (pl)	potatoes
Harrass (m)	crate
Harz (n)	resin
Härz (n)	heart
Härz überwachä	heart monitoring
Härzinfarkt (m)	heart attack
Haselnussbaum (m)	hazelnut tree
hässig	angry
Hauptbaanhof (m)	main train station
Hauptschtatt (f)	capital
Hauptsizz (m)	headquarters
Hauptvercherszíit (f)	rush hour
Hawaiihämp (n)	Hawaiian shirt
hebä (v)	hold
hechlä (v)	pant (dog)
Hecht (m)	pike
Heftli (n)	magazine
Hekkä (f)	hedge
Heli (m)	helicopter
Helikoptär (m)	helicopter
hellhütig	light-skinned
Helm (m)	helmet
Helvezia (f)	Helvetia
Härdplattä (f)	stovetop
Herschtellig (f)	manufacturing
hii	broken
Hilf (f)	aid
Hilferuäf (m)	call for help
Himmel (m)	sky
hinä	back
Hinderbai (n)	hind leg
Hinterlegig (f)	deposit
hip	hip
Hirnerschütterig(f)	concussion
Hirsch (m)	deer
Hobbi (n)	hobby
Hobelbank (f)	workbench
hoch	high
Hochebeni (f)	plateau
Hochhuus (n)	skyscraper
höchi Temperatur	high temperature
Hochziitschlaid (n)	wedding dress
Hoigümper (m)	grasshopper
Hokkär (m)	stool
Hökkär (m)	hump
Holz (n)	wood
Holzhammär (m)	mallet
holzig	wooden
Holzlattä (f)	wood batten
Holzliim (m)	wood glue
Holzlöffel (m)	wooden spoon
Honig (m)	honey
Hööli (f)	cave
Hörnär (pl)	horns
hornussä (v)	traditional Swiss team sport
Horror (m)	horror
Hort (m)	daycare center
Hosä (f)	pants
Hosätäschä (f)	pocket
Hot Dog (m)	hot dog
Hotel (n)	hotel
Huän (n)	chicken
Hüänärsuppä (f)	chicken soup
huäschtä (v)	cough
Huät (m)	hat
Hübrid (m)	hybrid vehicle
Huddelwättär (n)	bad weather
Hüdrant (m)	hydrant
Hüft (f)	hip

Hügäl (m)	hill
hülä (v)	howl (wolf)
Hülsäfrucht (f)	legume
Hummer (m)	lobster
Hund (m)	dog
Hund füätterä	feed the dog
hungrig	hungry
hupä (v)	horn
hüpnotisiirt	hypnotized
Hüpothek (f)	mortgage
Husufgabä (pl)	homework
Huuf (pl)	hooves
Huus (n)	house
Huushalt (m)	household
Huuspriis (m)	housing prices
Huustiär (n)	house pet
Huustür (f)	front door
Huuswart (m)	janitor
Huut (f)	skin
sich hüütä (v)	molt

I

i Schibä schniidä	slice
i Würfel schniidä	dice
id Schuäl ga	go to school
id Schuäl ga (v)	going to school
i-fangä (v)	trap (as in trapping a bug)
Igel (m)	hedgehog
igfrürä	freeze
ii-zalä (v)	deposit
ii-aa-ii-aa	hee-haw (donkey)
Iibaik (n)	electric bike
iibrächä (v)	break into
iichauffä (v)	buy
Iidringling (m)	intruder
Iifersucht (f)	jealousy
iifettä (v)	grease
Iigebig (f)	inspiration
Iiis (n)	ice
Iikomä (n)	income
iikommensschtürä (pl)	income tax
Ii-meil (n)	email
Iisbär (m)	polar bear
Iisbärg (m)	iceberg
Iischnitt (m)	incision
Iischränkig vo sozialä Kontäkt	social distancing
iischtekkä (v)	connect (a cable)
iischtigä (v)	board
Iishokei	ice hockey
Ikaärka (IKRK) Internazionals Komitee vom rotä Chrüz	International Committee of the Red Cross
im Schpital sii	hospitalized (to be)
Immobiliämakler (m)	real estate agent
Immobiliämaklerin (f)	real estate agent
importiärä (v)	import
in Firabig ga	finish work (at the end of the day)
in Haft	in custody
in Oonmacht fallä	faint
in Uusgang ga (v)	party
in Zoo ga	visit the zoo
Indiziä (pl)	indicators
Induschtrii (f)	industry
Induschtriigebiät (n)	industrial zone
Inflazion (f)	inflation
Info (f)	information
Informazion (f)	information
informiärä (v)	inform
Inhalator (m)	inhaler
innovativ	innovative
Innowazion (f)	innovation
Insekt (n)	insect
Insektä (pl)	insects
Insektäforschär (m)	entomologist
Insektäforschärin (f)	entomologist
Inselgruppä (f)	archipelago
Inslä (f)	island
Intensiifpfläg (f)	intensive care
interessiert	interested
Internet (n)	internet
intravenös	IV
intrawenösi Infusion	Intravenous (IV) infusions
inweschtiärä (v)	invest
ischtekkä (v)	plug in

J

Jaaresring (m)	growth ring
Jaaresziit (f)	season
jagä (v)	hunt
Jaggä (f)	jacket
Januar (m)	January
jassä (v)	Swiss card game
jodlä (v)	yodeling
Jogurt (n)	yogurt
jublä (v)	cheer
Juli (m)	July
jung	young
Junge (n)	cub
Junggsell (m)	bachelor
Juni (m)	June

K

Ka-Äm-U (n)	SME
Kabäl (n)	cable
Kabäl (pl)	cables
käfälä (v)	drink coffee
Kafi (m)	coffee
Kafi fertig (m)	coffee with schnapps
Kafi zum mitnää	coffee to-go
Kafieggä (m)	coffee corner
Kafimaschinä (f)	coffee machine
Kafipausä (f)	coffee break
Kafiwägeli (n)	coffee trolley
kaimä (v)	germinate, sprout
Kaimling (m)	seedling
kais Billet	no ticket
kaitä (v)	kite flying
Kajak (n)	kayak
Kakerlake (f)	cockroach
Kaktus (m)	cactus
Kalendär (m)	calendar
kalkuliert	calculated
Kamera (f)	camera
kämpä (v)	go camping
Kampanje (f)	campaign
kämpfä (v)	fight, struggle
Kanal (m)	channel
Kanalisazion (f)	sewerage
Kanape (n)	sofa
Kängäru (n)	kangaroo
Kantinä (f)	canteen
kantonal	cantonal
Kantonsrat (m)	cantonal parliament
Kanüülä (f)	cannula
Käpi (n)	cap
Kapital (n)	capital
Kapitän (m)	captain
Kapitänin (f)	captain
kaputt	exhausted
Karikaturischt (m)	cartoonist
Kartonchischtä (f)	cardboard box
Katedrale (f)	cathedral
Katetär (m)	catheter
Keip (n)	cape
Killerwal (m)	killer whale
Kilometerschtand (m)	milage or kilometrage
Kimä (f)	gill
Kindergärtnerin (f)	kindergarten teacher
Kindzgi	kindergarten
Kino (n)	cinema
Kirsch (m)	Swiss cherry schnapps
Klangeffekt (m)	sound effect
Klapperschlangä (f)	rattle snake
klassisch Musig	classical music
Klatsch (m)	gossip
Klavir schpilä	play piano
Klima (n)	climate
Klimaschüzzär (m)	climate activist
Klimawandel (m)	climate change
Klinik (f)	clinic
Klippä (n)	cliff
Klub (m)	nightclub
Knabärzüg (n)	snacks
Kodwort (n)	pin
Koffer (m)	suitcase
Kokosnuss (f)	coconut
kollabiärä (v)	collapse
Kollegä/Kolleginnä (pl)	co-workers
Kolonii (f)	colony
kombiniärä (v)	combine
Komet (m)	comet
Komiker (m)	comedian
Komikerin (f)	comedian
Kommodä (f)	commode
kommuniziärä (v)	communicate
Komödiä (f)	comedy
Kompass (m)	compass
Kompi (m)	computer, PC
Kompiutär aschtelä	turn on the computer
kompliziärt	complicated
Komposcht (m)	compost
Konduktör (m)	conductor
Kondüktör (m)	conductor (train)

Konduktös (f)	conductor
Konferänz-Zimmär (n)	conference room
Konflikt (m)	conflict
Konkurrent (m)	competitor
konservativ	conservative
Konsumänt (m)	consumer
Konsumäntin (f)	consumer
kontaktierä (v)	contact
Konteinär (m)	container
Kontinent (m)	continent
Konto (n)	account
Konto überziä	overdraft
Kontoschtand (m)	account balance
kontrolliärä (v)	check
Kontrollör (m)	ticket controller
Konzerthallä (f)	concert hall
Koordinatä (pl)	coordinates
Kopfsalat (m)	lettuce
Kopfwee (n)	headache
Korallä (f)	coral
Koronawirus (n)	coronavirus
Körpär (m)	body
kosmisch	cosmic
Krakä (f)	octopus

Krankä-Aktä (f)	medical file
Krankete überträgä	transmit an infection
Krawattä (f)	tie
kreativ	creative
Kreativität (f)	creativity
Kredit (m)	credit
Kreditchارä (f)	credit card
Kreissagi (f)	disk saw
kriminell	criminal
Kritik (f)	critic
kritisch	critical
kritisiärä	criticize
Krokodil (n)	crocodile
Krövettä (f)	shrimp
Krükkä (f)	crutch
Kultur (f)	culture
sich kümmerä (v)	care, take care
kummunal	municipal
kündigä (v)	quit
Kündigung übercho	get fired
Kunscht (f)	art
Kunschtfestival (n)	art festival
Kunschtgallerii (f)	art gallery
Künschtlär (m)	artist
Künschtlärin (f)	artist
Künschtlärisch	artistic
Kunschtsammlig (f)	art collection
Kupplig (m)	clutch
Kurir (m)	courier
Kurvä (pl)	curve
kurzi Hosä (pl)	shorts
Küschtä (f)	coast, seashore
Kutschä (f)	carriage
kwaakä (v)	croak (frog)
Kwalität (f)	quality
Kwallä (f)	jellyfish
Kwantum	quantum

L

Laag (f)	situation
lääri Zug	empty train
läbä (v)	live
Läbä rettä	save lives
läbensgförlich	life-threatening
Läbensruum (m)	habitat
Läbesmittäl (pl)	groceries
läblos	lifeless
Labor (n)	lab, laboratory
Laborprob (f)	lab sample
lachä	laugh
lächlä (v)	smile
ladä (v)	load
Ladegrät (n)	charger
Lädär (n)	leather
Lagunä (m)	lagoon
Läichä (f)	corpse
Laischtig (f)	effort
Laitärä(f)	ladder
Lamm (n)	lamb
Lämpä	trouble
Lampä (f)	lamp
Land (n)	country, land
Ländä (f)	loin
ländlich	rural
Landsgmaind (f)	national community
Landwirtschaft (f)	agriculture
lang	long
langloiflä (v)	cross-country skiing
langsam	slow
langwilig	boring
Lappä (colloquial)	100 francs
Läptop (m)	laptop
lärmig	noisy
lärnä (v)	study
Larvä (f)	larva
läsä (v)	read
Laschtwagä (m)	lorry
Laub (n)	foliage
Laubbläser (m)	leaf blower
laufendi Arbaitä	work in progress
lauffä (v)	walk
Lawa (f)	lava
Lawabo (n)	sink
Lawinä (f)	avalanche
Lazz (m)	bib
Lazzhosä (f)	overalls
Leenschtuäl (m)	sofa chair
leer	empty
Leer (f)	apprenticeship
Leer abschlüssä	complete an apprenticeship
Leer afangä	start an apprenticeship
leerä	learn
leerä (v)	teach
Leerär (m)	teacher
Leerärin (f)	teacher
Lenkstangä (f)	handlebars
liäbä (v)	love
sich liäbä (v)	love each other
Liäbi (f)	love
Liächt (n)	light
Liächtschalter (m)	light switch
Liächtschpektrum (n)	light spectrum
Liächtsignal (n)	traffic light
Libellä (f)	dragonfly
lifärä (v)	deliver
Liferant (m)	delivery person
Liferantin (f)	delivery person
Lift (m)	elevator
ligä (v)	lie (in bed)
Liibli (n)	t-shirt
liidä (v)	suffer
Liifärig (f)	delivery
Liim (m)	glue
Liindwand (f)	canvas
lila	purple
likwidi Mittel (pl)	liquidity
Limettä (f)	lime
Limo (f)	lemonade
Lineal (m)	ruler
Linsä (f)	lens
Linsä (pl)	lentils
Lobbi-ischt (m)	lobbyist
lochä (v)	punch holes in paper
Lochär (m)	hole punch
Löffäl (m)	spoon
Logistik (f)	logistics
Loi (m)	lion
Lokalbevölkerig (f)	locals
Lokki (f)	locomotive
Loon (m)	salary
losä (v)	listen
löschä (v)	extinguish
losfaarä (v)	start
Lösig (f)	solution
luägä (v)	see, watch
Lüchtschtift (m)	highlighter
Lüchtturm (m)	lighthouse
Luftblöterli (pl)	bubbles
Luftdrukk (m)	air pressure
Luftfracht (f)	air freight
Lüftig (f)	ventilation
Luftloch (n)	blowhole
Lufttank (m)	air tank
Luftüberwachig (f)	aerial surveillance
lügä (v)	lie (speak falsely)
lupfä (v)	lift
luschtig	funny
Lüt (pl)	people
lütä (v) (a dä Tüür)	ring the doorbell
Luus (f)	louse
Luutschprächer (m)	speaker

M

Maa (m)	man
Määl (n)	flour
Maaler (m)	painter
Maalerchläbband (n)	masking tape
Maalziit (f)	meal
Määnä (f)	mane
Magazin (n)	magazine
magentarot	magenta
Magnet (m)	magnet
Magnetismus (m)	magnetism
Magnetschtift (m)	magnetic pin
Mai (m)	May
Mainig (f)	opinion
Mainingsumfrag (f)	opinion poll

Mais (m)	corn
Maischter (m)	master
mäisslä (v)	chisel
(a)malä (v)	paint
Mäldig (f)	declaration
Malärin (f)	painter
malerisch	picturesque
Mängi (f)	quantity
Männli (n)	male
Männlichkaitswaan (m)	machismo
Mannschaft (f)	team
Mänschä-Aff (m)	ape
mänschlich Körpär	human body
Mantäl (m)	coat
Mäntig	Monday
Margrittli (n)	daisy
MariäChäfärli (n)	ladybug
Markt (m)	market
März (m)	March
Maskä (f)	mask
Massä (f)	mass
mässä (v)	measure
Mässband (n)	tape measure
Mässer (n)	knife
Master (m)	master's degree
Materiä (f)	matter
materialistisch	materialist
Mati (m)	math
Matschismo (m)	machismo
Matterhorn (n)	Matterhorn
Matura	qualification for university
Mayonäs (f)	mayonnaise
Mechanik (f)	mechanics
Mechanikär (m)	mechanic
Mechanikärin (f)	mechanic
Medalliä (f)	medal
Medikament (n)	medication
Medis (pl)	drugs
meditiärä (v)	meditate
Medizin (f)	medicine
Medizinschrank (m)	medicine cabinet
Medizinzentrum (n)	medical center
Meer (n)	sea
Meereslläbä	marine life
Meeresschildchrott (f)	sea turtle
Meeresschpiägäl (m)	sea level
Meeresverschmuzzig (f)	ocean pollution
Meerhait (f)	majority
Meerwertschtür (f)	VAT
Melodii (f)	melody
Menora (f)	menorah
Metallsägi (f)	hacksaw
Mezzgär (m)	butcher
Mezzgärin (f)	butcher
miätä (v)	rent
Miätär (m)	tenant
Miätärin (f)	tenant
miauä (v)	meow (cat)
Miismuschlä (pl)	mussel
Mikro (n)	microphone
Mikroskop (n)	microscope
Milch (f)	milk
Milchprodukt (pl)	dairy products
Milchscheik (m)	milkshake
Milchschtrass (f)	Milky Way
Militär (n)	military

militärisch	military
minderjärig	underage
Mineral (n)	mineral water
Mineraliä (pl)	minerals
Minigolf	mini golf
Minischtär (m)	minister
Minischtärin (f)	minister
Minutä (f)	minute
mischä (v)	mix
Mischtgablä (f)	pitchfork
Misserfolg (m)	failure
mit äm Hund go laufä	walk the dog
mit dä Nachbarä ploiderlä	talk to the neighbors
mitfülä (v)	empathize
Mittag (m)	midday
Mittelschtufä (f)	secondary school
Mitti (f)	The Center (party)
Mittwuch	Wednesday
Mixer (m)	blender, mixer
Mobilität (f)	mobility
Model (n)	model
modelliärä	modeling
modern	modern
moderni Musig	modern music
mölälä (v)	scribble
Molch (m)	salamander
Moleküül (n)	molecule
Mond (m)	moon
Monumänt (n)	monument
Moos (n)	moss
Morgä (m)	morning
Morgärokk (m)	dressing gown
Moschee (f)	mosque
motiwiärä (v)	motivate
Motor (m)	engine
Motorhuubä (f)	hood
Motoröl wächslä	change engine oil
Mottä (f)	moth
Mövä (f)	seagull
müäd	sleepy, tired
Müäsli (n)	muesli
Muättärä (f)	nut
Muättär (f)	mother
Muggä (f)	mosquito

Müllabfuur (f)	trash pickup
Mülldeponii (f)	dump
Münzä (f)	coin
Münzautomat (m)	parking meter
Murmäli (n)	marmot
Muschlä (f)	clam
Muschlä (pl)	shells
Musig losä	listen to music
Musig machä	make/play music
Musikär (m)	musician
Musikär (pl)	musicians
Musikärin (f)	musician
muuä (v)	moo (cow)
Muul (n)	mouth
Muurär (m)	bricklayer
Muurärin (f)	bricklayer
Muus (f)	mouse

N

Näbäl (m)	mist
Nachbarä (pl)	neighbors
Nachbarschaft (f)	neighborhood
Nachfaarä (pl)	descendants
Nachfrag (f)	demand
nachhaltig	sustainable
Nachricht (f)	message
Nachrichtä (pl)	news (TV)
Nacht (f)	night
nachtaktivs Tiär	nocturnal animal
Nachttisch (m)	bed table
Nachtwagä (m)	sleeping car
Nagel (m)	nail
näjä (v)	sew
Nakkä (m)	neck
nakkt	naked, nude
nakkt si/entblösst si	exposed (be)
Nakktwanderär (pl)	naked hikers
Namittag (m)	afternoon
Narbä (f)	scar
Narigs-Chettä (f)	food chain
Nasä (f)	nose
Nashorn (n)	rhino
nass	wet
Natel (n)	cell phone
Natsi (f)	Swiss national soccer team
Natur (f)	nature
Naturforschär (m)	naturalist
Naturschuzzgebiät (n)	natural reserve
Navi (n)	navigator
nazional	national
Nazionalrat (m)	national council
Nazionaltiim (n)	national team
Nebel (m)	fog
Neffä (m)	nephew
Nektar (m)	nectar
nervös	nervous
Nezz (n)	net
Nezzwerk (n)	network
Nichtä (f)	niece
nidisch	envious
Niid (m)	envy
Nilpferd (n)	hippo
Nobelpriisträger (m)	nobel prize laureate
nöd beschtandä	failed
noi	new
noigiirig	curious
noitral	neutral
Noitralität (f)	neutrality
Nor (m)	north
Nordpol (m)	north pole
Notä (pl)	grades
Notfall (f)	emergency
Notfall rüäfä	call the emergency services
Notizä (pl)	notes
Notizä machä	take notes
Notizblokk (m)	notepad
Nötli (n)	banknote
Notruef-Nummerä (f)	emergency number
Notusgang (m)	emergency exit
Novämbär (m)	November
Nuss (f)	nut

Nüzzling (m)	beneficial insect

O

O-äl (m)	orienteering
Oasä (f)	oasis
obdachlos	homeless
Obertail (n)	top
Obligazion (f)	bonds
Ofä (m)	furnace
offä	open-minded
öffentlich	public
Oggasion (f)	used car
Oifori (f)	euphoria
Oiropäisch Grichtshof für Mänschärächt	European Court of Human Rights
Ökologll (f)	ecology
Ökosüschtem (m)	ecosystem
Oktober (m)	October
Oldtaimer (m)	classic cars
Olivä (f)	olives
oonmächtig wärdä	faint
Oor (n)	ear
Oorä (pl)	ears
Ooräschüzzär (pl)	hearing protection
Oorering (f)	earrings
Ooss (f)	bull market
Operä (f)	opera
Operazion (f)	operation
operiärä (v)	operate
operiert wärdä	undergo surgery
Öpfäl (m)	apple
Öpfälbaum (m)	apple tree
Öpfälchuächä (m)	apple pie
Öpfälschorlä (f)	apple juice and sparkling water drink
Opfer (n)	victim
öppär aschtellä (v)	hire somebody
öppär entlaa (v)	fire somebody
öppär träffä (v)	meeting someone
öppärem kündigä (v)	fire someone
Opposizion (f)	opposition
Optik (f)	optics
optimistisch	optimistic
orangsch	orange (color)
Orangschäsaft (m)	orange juice
Ordner (m)	folder
organisiärä (v)	organize
Organismus (m)	organism
Orkan (m)	hurricane
Oschtä (m)	east
Ovä (m)	oven
Overall (m)	overalls
Ovi (f)	ovaltine
Ozean (m)	ocean

P

sich paarä (v)	mate
pakkä (v)	grab
Paladarschtäbli (n)	paladar sticks
Palmä (f)	palm
Panasche (n)	mix of beer and sprite
Pandemii (f)	pandemic
Pändler (m)	commuter
Panik (f)	panic
Papagai (m)	parrot
Papeterii (f)	stationary store
Papierchorb (m)	trash can
Papirablag (f)	paper tray
Papirchram (m)	paperwork
Park (m)	park
parkiärä (v)	park
Parkplazz (m)	parking lot
Parkplazznummerä (f)	parking number
Parkplazzschild (n)	parking sign
Pärlä (f)	pearl
Parlamänt (n)	parliament
Parlamentariär (m)	members of parliament
Partäär (n)	ground floor
Partikel (m)	particle
Partimuus (f)	party animal
Passachiärin (f)	passenger
Passaschir (m)	passenger
passiv	passive
Patriot (m)	patriot
patrulliärä (v)	on patrol
Pausä (f)	break
Pausä machä	take a break
Paziänt (m)	patient
Paziäntin (f)	patient
Pedall (m)	pedal
Pelikan (m)	pelican
Penis (m)	penis
Pensioniärig (f)	retirement
pensioniärt wärdä	retire
Perron (n)	platform
Personalabtailig (f)	HR department
pessimistisch	pessimistic
Pfäffer (m)	pepper
Pfannä (f)	pot
Pfarrär (m)	priest
Pfarrärin (f)	priest
pfifä (v)	whistle
Pfirsich (m)	peach
Pflägefachfrau (f)	nurse
Pflägefachmaa (m)	nurse
Pflanzä (f)	plant
pflanzä (v)	plant
Pflanzä güssä	water plants
Pflanzäbeschtand (m)	vegetation
Pflanzäschuzzmittäl (n)	pesticide
Pflanzäwält (f)	flora
Pflanzchelä (f)	garden trowel
Pflaschtär (n)	Band-Aid, plaster
pflegä (v)	care, nurse
Pflumä (f)	plum
Pfotä (pl)	paws
pfusä (v)	nap
piinlich	embarrassing
Piirsing (n)	piercing
Pikkel (m)	pickax
pikknikkä (v)	picnic
Piknik (n)	picnic
Pillä (f)	birth control pill, pill
Pilot (m)	pilot
Pilotin (f)	pilot
Pilz (pl)	mushrooms
Pilzvernichtigsmittel (n)	fungicides
Pinguin (m)	penguin
Piniä (f)	pine
Pinkod (m)	pin
Pinsel (m)	brush, paintbrush
Pipettä (f)	pipette
Pischama (n)	pajamas
Pischtolä (f)	gun
Pizza (f)	pizza
Pizzaserviss (m)	pizza delivery
Plag (f)	pest
plaite	broke
Plan (m)	plan
Planet (m)	planet
Plankton (n)	plankton
Plantaschä (f)	plantation
Plastik (m)	plastic
plaudärä (v)	chat
Pnöö (m)	tire
Podium (n)	podium
Pol (m)	pole
Polarschtern (m)	North Star
Politik (f)	politics
Politikär (m)	politician
Politikärin (f)	politician
politisch	political
politischä Vorschtoss (m)	political motion
politischi Partai (f)	political party
Polizei (f)	police
Polizei uf em Welo	bicycle police
Polizeiauto (n)	police car
Polizeikontrollä (f)	police control
Polizeischtation (f)	police station
Polizeiwagä (m)	police van
Polizischt (m)	policeman
Polizischtin (f)	policewoman

Pollä (pl)	pollen
Pomm Fritt (pl)	french fries
Pomm Tschipps (pl)	chips
Pömpel (m)	plunger
Porzion (f)	serving
Poscht (f)	mail, post, post office
Poschtär (n)	poster
Pöschtlär (m)	postman
Pöschtlärin (f)	postwoman
Präsentazion (f)	presentation
Präsident (m)	president
Präsidentin (f)	president
pressiärä (v)	hurry up, rush
Pricht (m)	report
prichtä (v)	report
Prichterschtattär (m)	reporter
Prichterschtattärin (f)	reporter
Priis (m)	price
Priisschild (n)	price sign
Primarschuäl (f)	primary school
Priorität (f)	priority
Prisma (n)	prism
privat	private
Produkzion (f)	production

produziärä (v)	produce
Profil (n)	tread
Projektor (m)	projector
Projektplan (m)	project plan
projieziärä	project (film)
Pröschtli	cheers!
Prost!	cheers!
proteschtiärä (v)	protest
Protokoll (n)	protocol
Prozess (m)	trial
Prüäfig (f)	test
Psizzär (m)	host
Psuächär (m)	visitor
Psuächärin (f)	visitor
Puäss (f)	fine
Publikum (n)	audience
Pule (n)	chicken
Pulli (m)	sweater
Puls (m)	pulse
Pult (n)	desk
Pünktli (pl)	spots
Puul (m)	swimming pool
Puur (m)	farmer
puurä (v)	farm
Püürin (f)	farmer
Püürli (n)	roll
Puuzzmaa (m)	cleaner
puzzä (v)	clean
Puzzerfisch (m)	cleaner fish
Puzzfrau (f)	cleaner

Q

Quad (m)	all-terrain vehicle
Qual (f)	agony

R

Raab (m)	raven
raasä (v)	drive (too) fast
Rabbat (m)	discount
Rächä (m)	rake
Rächnär (m)	calculator
Rächnig (f)	bill, calculation, invoice
rächtlich	legal
Rächtsschprächig (m)	jurisdiction
Radar (m)	speed camera
Radio (n)	radio
Rafflä (f)	grater
rafflä (v)	grate (cheese)
Rägä (m)	rain
Rägäbogä (m)	rainbow
Rägämantäl (m)	raincoat
Rägäwald (m)	rain forest
Rägäwassär (n)	rain water
Raglett (n)	raclette
rägnä (v)	rain
Raifä (f)	wheels
raisä (v)	travel
Raisändi (m)	traveler
Raisär (m)	traveler
Raisendi (f)	traveler
Raketä (f)	rocket
Rampäliächt (n)	spotlight
rännä (v)	run
Raps (m)	canola
rasä (v)	speed
Rasä mäjä	mow the lawn
Rasämäjär (m)	lawn mower
Rasär (m)	speeder
Rat (m)	council
ratä (v)	guess
Raub (m)	robbery
Raubüberfall (m)	heist
Rauch (m)	smoke
rauchä (v)	smoke
Rauchmälder (m)	smoke detector
Raupä (f)	caterpillar
Reagenzglas (n)	test tube
realitätsfremd	unrealistic
redä (v)	speak, talk
Ree (n)	roe
Referendum (n)	referendum
REGA Rettigsflugwacht (f)	REGA rescue
Regal (n)	shelf
Regiärig (f)	government
religiös	religious
Renovazion (f)	improvements
Reptiliä (f)	reptile
Reschim (n)	regime
Reschtä (pl)	scrap
Reservä (pl)	reserves
rettä (v)	rescue, save
Rettigsring (m)	life buoy
revoluzionär	revolutionary
Rezäpt (n)	prescription, recipe
Richtär (m)	judge
Richtärin (f)	judge
Riff (n)	reef
riich	rich
Riichtum (m)	wealth
Riis (ml)	rice
Riisverschluss (m)	zipper
riitä (v)	horse riding
Rindä (f)	bark
Rindflaisch (n)	beef
Ring (m)	ring
Ringelnatterä (f)	grass snake
Rinnä (f)	gutter
Risiko (n)	risk
Rochä (m)	ray
Roibär (m)	robber
Roibärin (f)	robber
Rokk (m)	skirt
Rokkär (m)	rocker
rollä (v)	roll
Rollator (m)	walker
Rollbrätt (n)	skateboard
Rollbrätt faarä	skate
Rollschtuäll (m)	wheelchair
Rollschuä (pl)	roller skates
romantisch	romantic
röntgä (v)	x-ray
Röörä (f)	tube
Röörli (n)	straw
Rooschtoff (pl)	raw materials
Rooti Chrüüz (n)	Red Cross
Rootwii (m)	red wine
Rosä (f)	rose
rosarot	pink
röschtä (v)	roast
Röschti (f)	rosti
Rose (m)	rose wine
Ross (n)	horse
Rosschopf (m)	tadpole
rot	red
Rüäbli (n)	carrot
Rüäblichuächä (m)	carrot cake
rüärä (v)	stir
Ruäfchnopf (m)	call button
Ruggä (m)	back
Ruggäflossä (f)	dorsal fin
Ruggäwee (n)	back problems
ruhig	calm, quiet
Rükklagä (pl)	reserve
Rukksakk (m)	backpack
Rükkschpiägäl (m)	rear-view mirror
Rükksitä (f)	rear
Rüssäl (m)	trunk
Rütli (n)	Rütli
Ruumuftailig (f)	room division

S

säägä (v)	saw
Saat (f)	crops
Sägälboot (n)	sailboat
Sagi (f)	saw
säglä (v)	sail
Sägmääl (n)	sawdust
Saibär	cyber
Saibäragriff (m)	cyber attack
Saifäablag (f)	soap dish
Sail (n)	rope
Sailbaan (f)	cable car, funicular
Sakkgäld (n)	pocket money
Sakkmässer (n)	pocket knife
Salamander (m)	salamander
Salat (m)	salad
Salz (n)	salt
salzä (v)	salt
salzig	salty
Samä (m)	seed
sammlä (v)	collect
Samschtig	Saturday
Sand (m)	sand
Sändwitsch (n)	sandwich
Sänf (m)	mustard
Sanitär (m)	plumber
Sanitärin (f)	plumber
sankzioniärä (v)	sanction
Sardinä (f)	sardines
Särwiss (m)	service
Sässelilift faarä	ride the chairlift
Satellit (m)	satellite
Satellitäschüsslä (f)	satellite dish
Sau (f)	pig
Schach	chess
Schachtlä (f)	box
Schaf (n)	sheep
schaffä (v)	work
Schaft (m)	cabinet
sich schaidä la	divorce
Schaidig (f)	divorce
Schal (m)	scarf
Schalä (f)	coffee with milk
schälä (v)	peel

Schale (f)	bowl
Scham (f)	shame
Schambai (n)	pubis
Schampanjer (m)	champagne
Schampanjerglass (n)	champagne glasses
Schär (f)	scissors
scharf	sharp, spicy
scharfi Zää	sharp teeth
Schauschpilär (m)	actor
Schauschpilärin (f)	actress
Schazz (m)	treasure
Scheff (m)	boss
Scheffin (f)	boss
Schiff (n)	ship
Schiffsladig (f)	shipment
Schii (pl)	ski
Schii farä	ski
Schii schpringä	ski jumping
schiinä	shine
schiinä (v)	shine
Schild (n)	shield
Schildchrott (f)	turtle
Schilet (n)	vest
Schilf (n)	reeds
Schinkä (m)	ham
Schirm (m)	umbrella
schlächtä Humor	bad humor
schlächti Kritik	bad reviews
schlafä (v)	sleep
schläfrig	sleepy
Schlafzimmär (n)	bedroom
Schlagraam (m)	whipped cream
Schlagziilä (pl)	headlines
Schlagzügär (m)	drummer
Schläkkschtängäl (m)	lollipop
Schlangä (f)	line, snake
schlänglä (v)	slither
Schleger (m)	racket
Schlichtig (f)	mediation
schliifä (v)	sand, slide
Schliifpapir (n)	sandpaper
Schlittä (m)	sled
schlittlä (v)	sled
Schlucht (f)	canyon
schlukkä (v)	swallow
Schlummi (m)	nightcap
schlüpfä (v)	hatch
Schluss (m)	end
Schlüssäl (m)	key
Schlusseldiänscht (m)	locksmith's shop
Schlüssfächer (pl)	lockers
Schlüssgufä (f)	safety pin
Schluuch (m)	hose, water hose
Schluuchboot (n)	dinghy

Schmärz (m)	pain
Schmärzmittel (pl)	painkillers
Schmärztablettä (f)	painkiller
schmelzä (v)	melt
schmerzhaft	painful
Schmiär (f) (colloquial)	police
Schminktisch (m)	dressing table
schmökkä (v)	smell, taste
schmoorä (v)	stew
Schnabäl (m)	beak
Schnägg (colloquial)	5 francs
Schnägg (m)	snail
Schnäggäfüülär (pl)	tentacles (snail)
Schnäggähuus (n)	snail shell
schneiä (v)	snow
schnäll	fast
Schnapps (m)	schnapps
schnatterä (v)	quack (duck)
Schnauzä (f)	muzzle
Schnauzz (m)	moustache
Schnee (m)	snow
schniidä (v)	cut
schniidä (v)	chop
Schniidär (m)	tailor
Schniidärin (f)	tailor
schnizzä (v)	carve (sculpture)
Schnorchäl (m)	snorkel
schnurrä (v)	purr (cat)
Schnurrhaar (pl)	whiskers
Schnuur (f)	string
Schofför (m)	driver
Schoffös (f)	driver
Schoggi (f)	chocolate
Schokk (m)	shock
schön	beautiful
Schon-Choscht (f)	bland diet
schöns Wättär	lovely weather
Schovinischt (m)	chauvinist
schparä (v)	save
Schparglä (pl)	asparagus
Schparschäler (m)	vegetable peeler
Schpass (m)	fun
Schpazz (m)	sparrow
schpändä (v)	donate
Schpender (m)	donor
Schpenderin (f)	donor
Schpesä (pl)	expenses
Schpiägäl (m)	mirror
Schpiägälai (n)	fried egg
Schpiiswagä (m)	buffet car
schpilä (v)	act, play
Schpilärin (f)	player
Schpilla(m)	toyshop
Schpillär (m)	player
Schpillplazz (m)	playground
Schpillsachä (pl)	toys
Schpinnä (f)	spider
Schpion (m)	spy
Schpionin (f)	spy
Schpital (n)	hospital
Schpitalbett (n)	hospital bed
Schpitalnachthämp (n)	hospital gown
Schpitalzimmär (n)	hospital room
Schpizzär (m)	pencil sharpener
Schponsor (m)	sponsor
Schporä (pl)	spore
Schport (m)	sport
schpörtlä (v)	exercise
schportlich	sporty
Schprach (f)	language
schprachlos	speechless
Schpräi (m)	spray
Schprungglänk (n)	hock (back part of the leg of an animal)
Schprüzzä (f)	syringe
Schprüzzchannä (f)	watering can
Schrebergartä (m)	allotment
Schreddär (m)	paper shredder
schrederä (v)	shred
schreiä (v)	scream
schriibä (v)	write
Schriibzüg (n)	stationary
Schriiner (m)	carpenter
Schriinerin (f)	carpenter
Schrubä (f)	screw
schrubä (v)	screw
Schrubächaschtä (m)	organizer
Schrubäziär (f)	screwdriver
Schrubbolzä (m)	bolt
Schrubzwingä (f)	clamp
Schruubäschlüssel (m)	spanner, wrench
Schruubschtokk (m)	vice
schtaa (v)	stand
Schtaatsawalt (m)	prosecutor
Schtaats-hilf (f)	government help
Schtaatsoberhaupt (n)	head of state
schtächä (v)	sting
Schtächbütel (m)	chisel
Schtachelrochä (m)	stingray
Schtadion (n)	stadium
Schtägä (f)	staircase
Schtägä abega	going down the stairs
Schtägä ufäga	going up the stairs
Schtägätritt (pl)	stairs
Schtai (m)	stone
Schtaibbokk (m)	ibex

schtälä (v)	steal
Schtalagmitä (pl)	stalagmites
Schtalaktitä (pl)	stalactites
Schtänderat (m)	council of state
Schtandsailbaan (f)	funicular, rack railway
Schtängelglassä (n)	popsicle
schtärbä (v)	die
schtarchä Rägä	heavy rain
schtarkä Wind	strong wind
Schtärn (m)	star
Schtärnbild (n)	constellation
Schtärnwartä (f)	observatory
Schtatt (f)	city, town
Schtatuä (f)	statue
Schtau (m)	traffic jam
Schtaubblatt (n)	stamen
Schtaubsuugär (m)	hoover
Schtecklischtä (f)	extension plug
schtehendä Applaus	standing ovation
Schtekkär (m)	plug (electricity)
Schtempfäl (m)	stamp
Schtetoskop (n)	stethoscope
Schtich (pl)	stiches
Schtiel (m)	stem
Schtifel (pl)	boots

Schtift (m)	apprentice, pen, pencil
schtigä (v)	gain
SchtiifBrüädär (m)	stepbrother
Schtiiffattär (m)	stepfather
Schtiifschwöschter (f)	stepsister
Schtimm (f)	voice
Schtimmrächtsalter (n)	voting age
SchtinkChäfär (m)	stink bug
Schtirn (f)	forehead
Schtoff (m)	tissue
Schtöggelischuä (pl)	heels
Schtokki (m)	mashed potatoes
Schtollä (m) (colloquial)	workstation
Schtolz (m)	pride
Schtorch (m)	stork
Schtossschtangä (f)	bumper
Schtosszìitä (pl)	rush hour
schtrafä (v)	punish
schtrafbaar	punishable by law
Schtraftätär (m)	criminal
Schtraftätärin (f)	criminal
Schtraifä (pl)	stripes
Schtrand (m)	beach
Schtrass (f)	road, street
Schtrassä-Arbaitä (pl)	road work
Schtrassä-Markiärigä (pl)	road marks
Schtrassekunscht (f)	street art
schträzzä (v)	strong rain
schtrekkä (v)	stretch
Schtress	stress
schtressig	stressful
Schtriit (m)	conflict, fight
schtriitä (v)	argue
schtritä (v)	fight
Schtroom (m)	electricity
Schtroohuät (m)	straw hat
Schtroomtankschtell (f)	charging station for electric cars
Schtrudel (m)	whirlpool
Schtrumpfhosä (f)	pantyhose
Schtruuss (m)	ostrich
Schtuäl (m)	chair
Schtubä (f)	living room
schtudiärä	study (at university)
Schtund (f)	hour
Schtürä (pl)	taxes
schtürä (v)	steer
Schtüramt (n)	tax office
Schturm (m)	storm
Schtürparadis (n)	tax haven
schtuunä	wonder
Schtüürrad (n)	steering wheel
Schtuzz (colloquial)	one franc
Schuä (pl)	shoes
Schuäbändel (f)	laces
Schuäl (f)	school
Schuäl abschlüsä	graduate
Schuäldirektor (m)	head master
Schuälpsycholog (m)	school psychologist
Schuälweg (m)	school way
Schuälzüg (f)	school material
schüch	shy
Schüfeli und Bäseli	brush and shovel
Schuflä (f)	shovel
Schuldä (pl)	debt
schuldig	guilty
sich schuldig bekännä	confess

Schulterä (f)	shoulder
Schümlipflümli (m)	coffee with schnapps and cream
Schuppä (pl)	scales
Schüri (f)	jury
Schurnalischt (m)	journalist
Schurnalischtin (f)	journalist
schüssä (v)	shoot
Schüsserei (f)	shooting
Schüsslä (f)	bowl
Schüttschtai (m)	sink
Schuum (m)	foam, froth
Schuzz (m)	protection
schüzzä (v)	protect
Schuzzbrülä (f)	eye protection
Schuzzhelm (m)	hard hat
Schuzzmittäl (n)	repellent
Schuzzschiibä (f)	windshield
Schuzzschild (n)	shield (Swiss coat of arms)
schwäbä (v)	float (in air)
Schwamm (m)	sponge
Schwanz (m)	tail
Schwärchraft (f)	gravity
Schwarm (m)	swarm
schwarz	black
schwarzes Loch	black hole
Schwarzi Brätt	bulletin board
schwäzzä (v)	chat
Schwigerfattär (m)	father-in-law
Schwigermuättär (f)	mother-in-law
Schwiizer Erfindigä (pl)	Swiss inventions
Schwiizer Faanä (pl)	Swiss flag

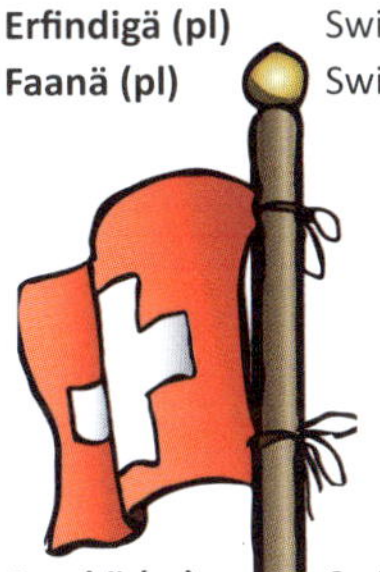

Schwiizer Frankä (m)	Swiss franc
Schwiizer Kampfflugzüg	Swiss fighter
Schwiizer Rächt	Swiss law
Schwiizer Sakkmässer (m)	Swiss Army knife
Schwiizer Schpezialitätä	Swiss specialties
schwingä (v)	Swiss wrestling
Schwingbäsä (m)	whisk
Schwinigs (n)	pork
Schwizerischi Volks-partai (f) / ÄsVauPe	Swiss people's party (SVP)
Schwöschtär (f)	sister
Schwöschtär (n) (colloquial)	nurse
schwümmä (v)	float (in water), swim
Schwümmhüt (m)	webbing (ducks' feet)
See (m)	lake
Seeanemonä (f)	sea anemone
Seegras (n)	seaweed
Seehund (m)	seal
Seeigel (m)	sea urchin
Seeloi (m)	sea lion
Seepfärdli (n)	seahorse
Seepolizei (f)	water police
Seerosä (f)	water lily
Seeschtern (m)	starfish
Seif (m)	safe

Sekretär (m)	secretary
Sekretärin (f)	secretary
Sekundä (f)	second
selbschtmörderisch	suicidal
Septämber (m)	September
Serviettä (f)	napkin
serwiärä (v)	serve
Sex ha/Liäbi machä (v)	have sex
sichärä (v)	secure
sicher	safe
Sicherhait (f)	safety, security
Sicherhaitskontrolle (f)	security check
Sicherhaitsnezz (n)	safety net
Sicherhaitsperson (f)	security person
Sicherigä (pl)	electric fuses
Sicherigschaschtä (m)	power box
Sicht (f)	vision
Sichtschuzz (m)	jalousie
Signal (n)	signal
Siibli (n)	strainer (small)
Simbol (n)	symbol
singä (v)	sing
Sirenä (f)	siren
Sirup (m)	syrup
Sitä (pl)	pages
Sizz (m)	seat
sizzä (v)	sit
sizzä (v) (im Gfängnis)	do time
Sizzig (f)	meeting
Sizzigszimmär (n)	meeting room
skännä (v)	scan
skizziärä	sketch
Skorpion (m)	scorpion
Skulptur	sculpture
Snäkk (m)	snack
Soda	soda
Sofa (n)	sofa
soigä (v)	lactate
Soigetiär (n)	mammal
Soigling (m)	baby
Sokkä (pl)	socks
Soldat (m)	soldier
Soldatin (f)	soldier
Soon (m)	son
souschäl midia	social media
sozial	social
sozialdemokratisch Partai (f)/ÄsPe	social democratic party (SP)
Staub suugä	vacuum
Staub suugä (v)	vacuum
stettisch	urban
stettischi Mobilität	urban mobility
Stubbetisch (m)	coffee-table
Sü (m)	south
suächä (v)	search
suächä (v) (im Internet)	browse (internet)
süäss	sweet
süässä (v)	sweeten
suber	clean
subers Gschirr	clean dishes
subvenzioniärä (v)	subsidy
Südpol (m)	south pole
summä (v)	buzz (bee)
Summär (m)	summer
Summärschport (m)	summer sports
Summärvogel (m)	butterfly
Sumpf (m)	swamp

Sunnä (f)	sun
Sunnäbluämä (f)	sunflower
Sunnäbrülä (f)	sunglasses
sünnälä (v)	sunbathe
Sunnäliächt (n)	sunlight
Sunnäschtorä (m)	awning
Sunnätach (n)	sunroof
Sunntig	Sunday
Supernova (f)	supernova
Suppä (f)	soup
Süschtem (n)	system
suur	sour
Suurschtoff (m)	oxygen
Suurschtoff-Fläschä (f)	air tank
Suurschtoff-Röörä (f)	oxygen tube

T

Taal (n)	valley
Tablett (n)	tray
Tablettä (f)	pill
Tablettli (n)	tablet
Taflä (f)	whiteboard
Tag (m)	day
Taigwarä (pl)	pasta
Tailnam (f)	participation
Tailnämär (m)	attendee
Tailnämärin (f)	attendee
Talliä (f)	waist
Tang (m)	seaweed
tankä (v)	tank
Tankschtell (f)	gas station
Tankschtelläschopp (m)	service shop
Tankschtelläwart (m)	gas station attendant
Tannzapfä (m)	pinecone
Tantä (f)	aunt
tanzä (v)	dance
Tarif (m)	tariff
tarnä (v)	camouflage
Täschä (f)	bag
Taschädiäb (m)	pickpocket
Taschädiäbin (f)	pickpocket
Taschälampä (f)	flashlight
Taschtatur (f)	keyboard
Tassä (f)	cup, mug
Tässli (n)	cup
Tatort (m)	crime scene
Tatsach (f)	fact
Tauchär (m)	diver
Tauchärbrüllä (f)	scuba mask
Taxi (n)	taxi
Technik (f)	technology
Technikär (m)	technician
Technikärin (f)	technician
technisch	technical
Tee (m)	tea
Teechrütli (pl)	tea herbs
Teelöffeli (n)	teaspoon
Telefon (n)	telephone
telefoniärä (v)	call, talk on the phone
Telefonkonfäränz (f)	conference call
Teleskop (n)	telescope
Teller (m)	plate
Temperatur (f)	temperature
Tempo bhaltä	keep pace
Tennis schpillä	play tennis
Teorii (f)	theory
Teppich (m)	carpet, rug
Teppichmässer (n)	box cutter
Termitä (pl)	termites
Terrassä (f)	terrace
Terror (m)	terror
Teschtfaart (f)	test drive
Tessin (n)	Ticino
Tetrapakk (n)	drink carton
Text (m)	text
Theater (n)	theater
Theater spilä	act
Thermometär (n)	thermometer
Thon (m)	tuna fish
Thunfisch (m)	tuna
Tiär (n)	animal
Tiärarzt (m)	veterinarian
Tiärärztin (f)	veterinarian
Tiärfuätter (m)	pet food
Tiärschüzzär (m)	animal rights activist
Tiärschüzzärin (f)	animal rights activist
Tierhaim (n)	animal shelter
Tiini (m)	teenager
Tintäfisch (m)	squid
tippä (v)	type
Tisch (m)	table
Tischtennis	ping-pong
Tischtuäch (n)	tablecloth
Titel (m)	title
Tochtär (f)	daughter
Tod (m)	death
Todo-Lischtä (f)	to-do list
Töff (m)	motorcycle
Tomatä (f)	tomato
Tomatäpüree (n)	tomato paste
Tomatäsossä (f)	tomato sauce
Tömbler (m)	tumbler
tönä (v)	sound
Tonnä (colloquial)	1000 francs
Tooscht (m)	toast
tooschtä (v)	toast
Tooschter (m)	toaster
töpferä (v)	pottery
Tornado (m)	twister
tot	dead
Totholz (n)	dead tree
Tourischte-Attrakzion (f)	tourist attraction
Tourischte-Zentrum (n)	tourist center
trabä (v)	trot
trächtig	in calf
tradizionell	traditional
träffä (v)	meet
sich träffä (v)	meet
Träffpunkt (m)	meeting point

Tragä (f)	stretcher
Traktor (m)	tractor
Tram (n)	tram
Tram verwütschä	catching the tram
Tramhalteschtell (f)	tram stop
Tramschinä (pl)	tram tracks
sich trännä (v)	separate
tränntí Schlafzimmär (pl)	separated bedrooms
Transakzion (f)	transaction
Transport (m)	transportation
transportiärä (v)	transport
tratschä (v)	gossip
Trävellerschekks (pl)	traveler's checks
Tresorruum (m)	vault
Trichtär (m)	funnel
Triibhuuseffäkt (m)	greenhouse effect
Triibwerk (n)	aeroengine
trinkä (v)	drink
trochä	arid
troi	faithful
troimä (v)	dream
Tropfä (m)	drop
tropfä (v)	drop
tröpflä (v)	light rain
tropisch	tropical
Trotti (n)	scooter
Trottinett (n)	scooter
Trottuar (n)	sidewalk
Trümmer (pl)	debris
Truubä (f)	grapes
Truur (f)	sadness
truurig	sad
Truuthaan (m)	turkey
Tschäpper (m)	cap
tschättä (v)	chat (by text/online)
Tschett sett (m)	jet set
Tschiip (m)	jeep
Tschilischootä (pl)	chili peppers
tschillä (v)	chillout
Tschuggär (colloquial)	police
tschutä (v)	play soccer
Tsunami (m)	tsunami
Tüächli (n)	towel
Tualättä (f)	toilet
Tualettächübäl (m)	bathroom trash can
Tubä (f)	dove
Tüfchüäler (m)	freezer
tüfi Temperatur	low temperature
Tulpä (f)	tulip
Tunnel (n)	tunnel
Türä (f)	door
Türgloggä (f)	doorbell
Turis (pl)	tourists
Turischt (m)	tourist
Turismus (m)	tourism
turnä (v)	physical education
Turnschuä (pl)	sneakers
Tuschwärig (f)	exchange currency
Tuubä füätterä	feed the pigeons
tüüf	deep, low
Tüüfchüäler (m)	deep freezer
Tuusigfüässler (m)	centipede

U

üäbä (v)	practice

übäl	sick
Überdosis (f)	overdose
überholä (v)	overtake
Überläbä (n)	survival
überläbä (v)	survive
übermittlä (v)	transmit
überprüäfä (v)	review
Überraschig (f)	surprise
überschämä	flood
Überschtundä (pl)	overtime
Überschwämmig (f)	flood
Überträgig (f)	transmission (TV)
überwachä (v)	monitor, supervise
Überwachig (f)	surveillance
Überwachigskamera (f)	security camera
Überzukkerig (f)	sugar overdose
uf äm Bänkli sizzä	sit on a bench
uf Bewärig	on probation
uf fraiem Fuäss	on the loose
uffüllä (v)	filling up
ufgwacht	woke
ufhänkä (v)	hang up
uflösä (v)	dissolve
ufmerksam	attentive
ufnä (v)	record
UFO (n)	UFO
ufpassä (v)	pay attention, take care
ufreggt	excited
Ufregig (f)	excitement
ufwachä (v)	wake up
ufwärmä (v)	warm up
ufwaxä (v)	grow up
U-Ha-Te Milch	UTH milk
Ülä (f)	owl
umäsörfä (v) (im Internet)	browse (internet)
Umfaarig (f)	detour
Umfall (m)	accident
Umfrag (f)	poll
Umwäg (m)	detour
umwältfründlich	environmentally friendly
umwältfründlichs Auto	green car
Umweltfründ (m)	environmentalist
unabhängig	independent
unagnäm	uncomfortable
Unchrutvertilger (m)	herbicide
Unchruut (n)	weed
under Medikamentsiifluss	on medication
Underfüerig (f)	underpass
Underhalt (m)	maintenance
Underhaltig (f)	conversation
Underhämp (n)	undershirt
Underkunft (f)	accommodation
Undernämmär (m)	entrepreneur
Undernämmärin (f)	entrepreneur
underschtüzä (v)	support
Undersuechig (f)	check-up, investigation, inspection
Undertäller (m)	saucer
Underwösch (f)	underwear
Ungglä (m)	uncle
Unglichhait (f)	inequality
unglükklich	unhappy
unhöflich	rude
Uni (f)	university
Uniform (f)	uniform
Universum (n)	universe
unkonwenzionell	unconventional
Unschtimmigkait (f)	disagreement
unschuldig	innocent
unterhaltä	entertain
Unterhaltig (f)	entertainment
unterirdisch	subterranean
unterrichtä	teach
unterschribä (v)	sign
Unterschrift (f)	signature
untersuächä (v)	check, examine
unvorsichtig	careless
Urgrossfattär (m)	great-grandfather
Urin (m)	urine
Urmachär (m)	watchmaker
Urmachärin (f)	watchmaker
Urtail (n)	judgement
Urwald (m)	jungle
us äm Gfängnis usbrächä	break out of prison
Usasg (f)	announcement
Usdrukk (m)	expression
usega (v)	exit
usfrögä (v)	interview
usga (v)	going out
usgä (v)	spend
usgschtossä (gsellschaftlich)	outcast
Uskunfts-Taflä (f)	information screen
Uslandinweschtizionä (pl)	foreign investments
Uspuff (m)	exhaust
Usrüschtig (f)	equipment
ussalzä (v)	grain
Usschtellig (f)	exhibition
usschtigä (v)	disembark, alight
usschtraalä (v)	broadcast
sich üsserä	express
us-schwärmä (v)	swarm
Ussländär (m)	foreigner
Usstärbä (n)	extinction
uströchnä	dry out
Üter (n)	udder
Uuboot (n)	submarine
Uufguss (m)	infusion
uufmachä (v)	open
uufnää (v)	ingest
uufrumä (v)	tidy up
Uur (f)	watch
Uuräglass (n)	watch glass
uuslenä (v)	borrow
uusmischtä (v)	declutter
Uusschlag (m)	rash

V

Vaginä (f)	vagina
Variablä (f)	variable
Värträter (pl)	representatives
vegan	vegan
vegetarisch	vegetarian
Ventilator (m)	ventilator
verärgärät	cross
Verband (m)	bandage, gauze
Verbandstraifä (m)	dressing strip
verbindä (v)	connect
Verbindig (f)	connection
sich verbrännä (v)	get burned
Verbrännig (f)	combustion
verbrännt	burnt
verbundä	connected
Verchauff (m)	sale
verchauffä (v)	sell
Vercheer (m)	traffic
Vercheersschild (n)	traffic sign
Vercheerstöggel (m)	safety cone
Vercherspolizei (f)	traffic police
Vercherspuäss (f)	ticket
Verchoiffär (m)	salesman
Verchoiffärin (f)	saleswoman
verdächtig	suspicious
Verdächtigi (f)	suspect
Verdächtigi (m)	suspect
verdiänä (v)	earn
Verfassig (f)	constitution
Verfolgig (f)	persecution
Vergissmeinicht (n)	forget-me-not
Vergnüegigspark (m)	amusement park
verhaftä (v)	arrest
verhaftät	under arrest
verhaftet	arrested
verhailä (v)	heal
Verlängerigskabäl (n)	extension cord
verlegä (v)	transport
verlezzt	injured
Verlezzig (f)	injury
sich verlezzä (v)	get injured
verlezzt	hurt
sich verliäbä (v)	fall in love
verliäbt	in love
verlobt	engaged
verlürä (v)	lose
Verluscht (m)	losses
vermiätä (v)	rent out
Vermiätär (m)	landlord
vermischä (v)	mix
Vermögä (n)	capital
Vermögensalag (f)	investment
verödet	desolated
verpuppä (v)	pupate
verquirlä (v)	whisk
Versammlig (f)	assembly
Verschmuzzig (f)	pollution
Verschtainerig (f)	fossil
verschtekkä (v)	hide
Versicherig (f)	insurance
verstopft si	constipated (to be)
sich vertaidigä (v)	defend oneself
Vertaidigung (f)	defense
vertailä (v)	distribute
Vertrag (m)	agreement
vertrauä (v)	trust
vertrinkä (v)	drown
verukkt	crazy
verukkts Wättär	crazy weather
verurtailä (v)	convict
Verwandlig (f)	metamorphosis
Verwandtä (pl)	relatives
Verziärig (f)	decoration
verzwiiflä (v)	despair
verzwiiflet	desperate
Veschpa (f)	vespa
Video (n)	video
Videoaruäf (m)	video call

Video-Inschtallazion (f)	video installation
Videokamera (f)	video camera
Videokonfäränz (f)	video conference
Vii (n)	livestock
Villfalt (f)	diversity
villsprachig	multilingual
violett	violet
Virus (n)	virus

Visiir (n)	visor
visuelle Kunscht	visual art
Vitamin (pl)	vitamins
Viva	cheers!
vo dihai schaffä	home office
Vogäl (m)	bird
Vögäl beobachtä	bird watching
Volksabschtimmig (f)	plebiscite
Volksiniziative (f)	popular initiative
voll	full
volli Zug	full train
Vollmond (m)	full moon
Volumä (n)	volume
vorberaitä (v)	prepare
Vorbügig (f)	prevention
Vorderbai (n)	foreleg
Vorderliächt (n)	headlight
Vordersitä (f)	front
Vorfall (m)	incident
vorfüärä (v)	perform
vorhaizä (v)	preheat
Vorhäng (pl)	curtains
vornä	front
Vorrangzone (f)	priority zone
vorträgä	recite, perform, present
Vorwurf (m)	allegation
Vulkan (m)	volcano

W

Waag (f)	balance, scale
Waalä (pl)	elections
wäälä (v)	vote
Waalbetailigung	voter turnout
Wääler (pl)	voters
Währig (f)	currency
Wabä (f)	honeycomb
wachsam	vigilant
Wächsälkurs (m)	exchange rate
Wachstum (n)	growth
Wächzügchaschtä (m)	toolbox
Wäg (pl)	paths
Wagä (m)	carriage
wägä (v)	weigh
Wagehebär (m)	jack
Waggon (m)	railcar
Waisä (m)	orphan
Wal (m)	whale

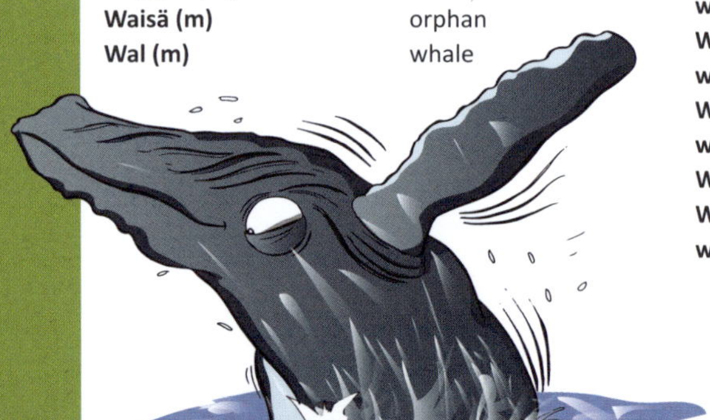

Wald (m)	forest
Waldbrand (m)	wildfire
Walholz (n)	rolling pin
Wällä (f)	wave
Walross (n)	walrus
Wältäbummlär (m)	traveler
Wältruum (m)	space
Wand (f)	wall
wandärä (v)	hike
Wandtaflä (f)	blackboard
Wärbig (f)	ad
Wärkschtatt (f)	workshop
Wärkzüggschtell (n)	tool rack
warm	hot
wartä (v)	wait
Wartezimmär (n)	waiting room
Wartig (f)	maintenance
wäschä (v)	wash
Wäschpi (n)	wasp
Wasser (n)	water
Wasserbehälter (m)	water container
Wasserfall (m)	waterfall
Wasserhaan (m)	tap
Wasserchocher (m)	kettle
Wasserleitig (f)	water pipe
Wassermelonä (f)	watermelon
Wasserschprei (m)	water spray
Wasserspändär (m)	water cooler
Wasserventil (n)	water valve
Wasserwag (f)	spirit level
Wättär (n)	weather
Wättärvorhersag (f)	weather forecast
waxä (v)	grow
Webkamera (f)	webcam
wechslä (v)	switch
wee tuä (v)	hurt
Wehä (pl)	labor
Welo (n)	bicycle, bike
Welo faarä	cycle
WeloAhängär (m)	bike trailer
Weloberaich (m)	bicycle area
Welofaarär (m)	cyclist
Weloschtazion (f)	bicycle station
Welowäg (m)	cycle path
Welpä (m)	puppy
Werkzügchischtä (f)	toolbox
Wärt (m)	value
Weschtä (m)	west
Wettbewerb (m)	competition
Wettkampf (m)	competition
Weze (n)	toilet
Weze puzzä	clean the toilet
Wezepapiär (n)	toilet paper
Widerschpruch (m)	objection
Wii (m)	wine
Wii trinkä	drink wine
wiiärä (v)	neigh (horse)
Wiibli (n)	female
wiit	loose
Wikkeltisch (m)	changing table
wild	wild
Wildsau (f)	wild boar
Wildtiär (pl)	wildlife
wilkomä	welcoming

Willhelm Tell	William Tell

Wind (m)	wind
Windlä (f)	diaper
winkä (v)	wave
Wintär (m)	winter
Wintärschlaf machä	hibernate
Wintärschport (m)	winter sports
Wintärschtifel (pl)	winter boots
Wirbel (m)	vortex
Wirtschaft (f)	economy
Wisä (f)	meadow
Wisä (pl)	meadows
wiss	caucasian, white
wissi Mantäl	white coat
Wisswii (m)	white wine
wizzig	comical
Wolf (m)	wolf
Wonig (f)	flat
Woohngeboide (n)	residential building
Wooltätigkait (f)	charity
Woonmobil (n)	camper, camper van
Woonwagä (m)	caravan
wörfä (v)	throw
Wösch (f)	laundry
Wösch machä	do laundry
Wösch ufhänkä	hang up the laundry
Wöschchuchi (n)	laundry room
Wöschlainä (f)	washing lines
Wöschmaschinä (f)	washing machine
Wöschzainä (f)	laundry basket
Wuät (f)	fury
wüätig wärdä	go ballistic
Wüeschti (m)	desert
Wulchä (f)	clouds
Wullächappä (f)	woolen hat
wund	sore
Wundä (f)	wound
Wundverband (m)	wound dressing
Wurm (m)	worm
Wurzlä (f)	root
wüschä (v)	sweep, wipe
Wüssäschaft (f)	science
Wüssäschaftlär (m)	scientist
Wüssäschaftlärin (f)	scientist

X

xund	healthy
xund wärdä	get better
Xundhait	cheers!
Xundhait (f)	health
xunds Ässä	healthy food

Y

Yodel (m)	yodel

Z

Zaanarzt (m)	dentist
Zaanärztin (f)	dentist
Zaichä (pl)	signs
zaichnä (v)	draw
Zaichner (m)	illustrator
zaigä	present, project (film)
zaigä (v)	point
zalä (v)	pay
Zalig (f)	payment
Zällä (pl)	cells
zämä läbä	live together
zämäbrächä (v)	collapse
zämälegä (v)	fold
Zangä (f)	pliers
Zapfezier (m)	corkscrew
Zapfsüülä (f)	fuel dispenser
Zaubärer (m)	magician
Zaubärin (f)	magician
Zauberformlä (f)	magic formula
Zejä (m)	toe
Zekkä (f)	tick
Zellä (f)	cell
Zellofaan (n)	cellophane
Zemänt (m)	cement
Zensur (f)	censorship
zensuriärä (v)	censor
Zentralbank (f)	Central Bank
Zentrum (n)	center
Zerschtörig (f)	destruction
zfridä	pleased
Ziil (n)	target
Ziischtig	Tuesday
Ziit (f)	time
Ziitig (f)	newspaper
ziitlos	timeless
Ziitzonä (f)	time zone
Zimmär(n)	room
Zins (m)	interest rate
Zipressä (f)	cypress
Zirkus (m)	circus
zirpä (v)	chirp
Zitronä (f)	lemon
Zizä (pl)	teat
Zmittag (n)	lunch
Zmorgä (n)	breakfast
zmörgälä (v)	eat breakfast
Znacht (n)	dinner
Znüüni (n)	snack at 9am
Zoll (m)	duty
Zoo (m)	zoo
Zoologii (f)	zoology
zrugg la (v)	leave behind
zschpat cho	arrive late
zuäfüägä (v)	add
zuägla (v)	admitted (to be)
zuäluägä (v)	watch
zuämachä (v)	close
zuänä (v)	increase
Zuänaigig (f)	affection
zueversichtlich	confident
Zug (m)	railway, train
Zugaschluss (m)	connecting train
Zuggetti (f)	zucchini
Zugpersonal (n)	train staff
Zugvögäl (pl)	migratory birds
Zukkär (m)	sugar
zum Chochä bringä (v)	boil
zum Mitneeh	takeout
Zündhölzli (n)	match
Zungä (f)	tongue
Züügäussäg (f)	testimony
Züüge (m)	witness
Züügin (f)	witness
Züürigschnäzzläts	strips of veal
Zviäri (n)	snack at 4 pm
zwaiti Klass	second class
Zwiblä (pl)	onions
zwiifelhaft	doubtful
Zwiig (m)	branch
Zwilling (pl)	twins
zwitscherä (v)	twitter

AUTHORS

NICOLE EGGER

Nicole Egger was born and raised in Zurich. She received her master's in linguistics and literature from the University of Zurich. During her studies, she taught German and Swiss German to the increasingly international community in Switzerland. After completing her degree, she changed her career and has since been working in communications, mainly in the financial industry.

Having studied several languages and lived abroad, including in Beijing for a year to study Chinese, she sympathizes with newcomers to Switzerland, who are confronted with a difficult, funny-sounding language. She is aware of the difficulties students encounter. But her real aspiration is to encourage people who are learning a foreign language to become confident and competent in a way that is still fun.

Sergio J Lievano

Sergio is a creative Anglo-Colombian-Swiss author, brought up in the fresh surroundings of his family's Hacienda, a coffee farm in the Colombian Andes. He studied economics and worked in this field for more than ten years.

However, seeking to develop his creative talent, he studied comics and illustration at the Joso Comic School in Barcelona, where he developed his passion for cartoons.

Sergio and Nicole are the authors of the Swiss bestseller *Hoi—your Swiss German survival guide*, and the subsequent and successful *Hoi* saga, which has sold more than 50,000 copies. Sergio is also the author of *Colombia a Comedy of Errors*, an Amazon bestseller, *Switzerland, a cartoon survival guide,* and *La Indispensable Novena de Aguinaldos.*

Sergio lives in Switzerland with his wife and kids, and he is constantly working on new books and ideas...that is, of course, whenever his kids allow it.

THANK YOU

Many people have helped in many ways to make this book a reality. Their time and knowledge have helped make this book amusing and useful. We would like to express our sincere gratitude to them all.

We would especially like to thank the Helvetiq team: Aurélie, Eleni, Jonas, Satu, Aude, Hadi, Barbara, Richard, and Kali. We would also like to thank Anja Kauf, Daniel Kauf, Johannes Beckmann, Corinne Lenz Schanz, and Sonia Curtis.

Thank you all!